命의 소모

우울을 삼키는 글

命의 소모
우울을 삼키는 글

초판 1쇄 발행 2020년 6월 15일

지은이 이나연
펴낸이 장현수
펴낸곳 메이킹북스
출판등록 제 2019-000010호

디자인 안영인
편집 안영인
교정 김시온
마케팅 오현경

주소 서울특별시 금천구 가산디지털1로 142, 312호
전화 02-2135-5086
팩스 02-2135-5087
이메일 making_books@naver.com
홈페이지 www.makingbooks.co.kr

ISBN 979-11-970767-4-9(03810)
값 12,000원

ⓒ 이나연 2020 Printed in Korea

잘못된 책은 구입하신 곳에서 바꾸어 드립니다.
이 책의 전부 또는 일부 내용을 재사용하려면 사전에 저작권자와 펴낸곳의 동의를 받아야 합니다.

이 도서의 국립중앙도서관 출판예정도서목록(CIP)은 서지정보유통지원시스템
홈페이지(http://seoji.nl.go.kr)와 국가자료공동목록시스템(http://www.nl.go.kr/kolisnet)에서
이용하실 수 있습니다. (CIP제어번호 : CIP2020024034)

홈페이지 바로가기

命의 소모

우울을 삼키는 글

이나연 지음

메이킹북스

목차

● 제1장   7~38
눈물에도 허기짐은 있다

● 제2장   39~55
상실

◐ 제3장   57~76
누군가는 그것을 기적이라 불렀다

◗ 제4장   77~109
무제

◡ 제5장   111~140
지금 지친 당신에게

○ 제6장   141~181
몽상

제 1 장

눈물에도
허기짐은 있다

제1장

이미 흐려져 버린 기억을 뒤집어 보고자 했다. 헤어짐의 이유를 굳이 '＿' 라는 것으로 못 박아 두고 싶지 않았다. 이유를 명확하게 정해 두었다면 훗날 되돌아봤을 때 미친 듯이 아파져 올 것이 분명했기 때문이었다. 감정은 파도처럼 밀려와 눈앞에서 부서져 버리니 잡을 수도 없는 노릇이라고.

이따금 눈물이 넘실거려 눈앞에 존재하는 것을 명확히 볼 수 없을 때 이별이겠거니 생각했었다. 비가 세차게 내리던 날, 내게 이유를 묻던 네게 어떤 말로 포장을 해야 했던 것일까. 네가 존재하는 것에 이유가 있냐고 대답했었다. 말문이 막힌 듯 날 바라보는 네게 단지 그뿐이라고 했다. 네가 이곳에 존재하는 명확한 이유가 없는 것처럼 이 이별에도 이유가 없는 것이라고 못을 박았다. 그 못이, 말이 아닌 네 심장에 박힌 것도 모르고.

세상이 무너진 듯 짓는 표정에 사실 나도 아팠다고 변명을 늘어놓는다면 들어 줄까. 우리의 끝에 이유를 정했다면 더 아프지 않았을까. 혹시 덜 아프진 않았을까. 어린 생각은 딱 그만큼의 행동을 불렀다고. 그래서 내가 잘못 생각했다고 하면 없던 일이 되는 것도 아닌데 난 여전히 그 자리에, 그 거리에 멈춰 서 있었다고 말하고 싶었다. 이젠 내 말을 듣지 않을 네게 고백한다. 너무도 어렸던 내가, 내 욕심만 차리기 바빠서 네게 상처를 주었던 내가 싫어서 그랬다고.

눈물에도 허기짐은 있다

땅 밑에서 뒹구는 일밖에 하지 못하는 내가, 찬란하게 빛나는 너를 사랑한다는 것에 죄를 짓는 느낌이 들었다고. 내 곁에서 웃지 못할 너를 알아서 놓았다고. 나쁜 사람으로 남아 있는 일이 내겐 어울리는 일이라 멋대로 판단한 거라고. 그런 거라고. 내가 널 사랑하니까. 내가 널 사랑했으니까. 내가 널, 내가 너를 나 자신보다 더 아끼고 품었으니까. 널 아끼기 때문에 네게서 나를 지운 것이라고.

보내지 못할 편지는 네가 아끼던 하늘에, 바다에, 저 별에.

命의 소모

제1장

사랑하며 상처 주는 일이 싫어서 가끔은 깊은 생각에 잠겼다. 마냥 좋은 인연은 없겠지만 막연하게 상처 주는 인연 또한 없어야 하기에. 내가 바람에 흔들릴 때 네게 상처를 주는 날이 올 것만 같아서 작은 아픔으로 막아야 하나 고민하는 날. 한 번 겪어야 하는 아픔과 지속적인 아픔. 그 사이에서.

내가 네 하루에 단맛 같은 것이라면, 너는 내게 시간이다. 바쁘게 돌아가는 초침 그 사이로 고개를 내미는 너 때문에 거릴 걷다가도 멍하니 서 있기만 한다. 시선이 닿는 곳마다 네가 보이는데 나는 어쩌란 말이야. 내게서 더는 멀어지려 들지 말아. 그림자처럼 네 주위만 맴도는 날 알면서.

내 사랑에선 쓴맛이 나.

命의 소모

제1장

생각이 범람하여 질식할 것 같은 날이 있습니다. 생각은 파도처럼 밀려와 제 발치를 두드리는데, 발을 뗄 생각조차 없습니다. 눈을 감고, 숨을 참으면 꼭 우울의 근원에 도달한 듯한 착각마저 듭니다. 울음이 터져 참을 수 없는 날에는 차라리 내가 세상에 없길 기도합니다. 하루는 또 이어지겠죠.

눈물에도 허기짐은 있다

파아-란 드레스를 입은 아이야, 네가 그 옷을 입고 바다 근처에서 팔랑팔랑 뛰놀 때 참 예쁘고 그랬다. 바다라는 것이 바람과 함께 뛰놀곤 하던데, 그날만큼은 바다가 외로이 홀로 우두커니 있던 모습이 안타까웠다. 대신 바람이 되겠다던 네 말이, 흘려들었던 그 말이 현실이 될 줄 알았다면 그때 너를 잡았어야만 했다.

命의 소모

제1장

가끔은 우주를 떠다니고 있다는 생각이 들었다. 내 의지와 다르게 정처 없이 떠도는 모습이 이상했다. 어둠에도 조금의 빛은 존재한다고 하던데, 찾기가 참 어려웠다. 얼어 버린 행성을 녹이는 힘은 무엇일까. 무지한 자신에게 탓하기를 며칠. 씨앗을 던졌다. 얼어 죽을지, 꽃을 피울지는 모르는 일이다.

눈물에도 허기짐은 있다

뼛속까지 스며든 죄를 부디 사하여 달라 빌고 빌던 내 시간이었습니다. 그렇게 쌓인 시간이 내 인생의 절반을 차지하고 이젠 그걸 넘기려고 합니다. 주어진 시간이 얼마나 길겠냐마는 버릇처럼 내뱉는 숨에도 검은 내음만 가득하여 두 눈을 뜨기가 부끄럽습니다. 흐려져 빛이 바랜 옛 기억 속을 헤매고 찾으려 애를 써도 잡히지 않는 것은 기억뿐만이 아니었던 것 같습니다. 그 사람에 대한 기억뿐만 아니라 그 사람의 이름마저 잊어버린 나를 저세상에서도 용서하지 마세요. 그리고 감히 신께 말씀드립니다. 아픈 기억을 지워 달라고 하였으나 그 사람의 기억을 지워 달라 한 것은 아니었습니다. 가장 아픈 기억이었으나 그 아픔만큼 행복했다는 것을 모르실 리가 없습니다. 제가 죽음까지 아프길 원했다면 이미 그 소원 이루셨으니 제 소원도 하나 들어주시길 간청합니다. 남은 시간을 대가로 바칠 테니 그 사람의 영원까지 행복으로 가득하게 만들어 주십시오. 그뿐입니다. 그뿐이었습니다. 당신에겐 어려운 일 아니잖습니까. 사랑은 아니더라도 연민의 눈으로 저를 바라보시고 안타깝게 여기시어 아량을 베풀어 주시길.

命의 소모

제1장

비참하게도 세상은 그대로다. 변한 것은 나일 뿐, 모든 것은 놀랍도록 제자리에 있다. 눈은 마음의 창이다. 마음이 고요한 날엔 부는 바람에도 기분이 좋고, 마음이 일렁이는 날엔 부는 바람이 칼부림처럼 느껴지기도 한다. 더 나은 하루를 보내려면 마음을 다잡아야 하는데, 그게 쉬운 일은 아니다. 당신이 어제는 울고, 오늘은 웃었던 것처럼. 빛을 잃고 어둠이 드리워진 내 눈에는 너무도 아름다운 당신이 보여서 더 아플 수밖에 없었다. 그럼에도, 그럼에도 나는 당신을 사랑해야만 했다. 그래야 당신이 살고 내가 살았다. 내가 주는 사랑이 네게 약이라면 나는 그걸 몇 번이고 더 할 수 있어.

널 사랑하니까.

삶의 목표를 사람으로 정하면 안 된다. 끝이 있지만 그 끝은 항상 다르기에 더욱 그렇다. 하지만 나는 목표를 사람으로 정했다. 어리석게도. 왜냐는 물음에 네가 소중하기 때문이라고 대답했다. 내가 웃어 주지 않는다고, 내가 너와 말을 하지 않는다고 해서 사랑하지 않는 것이 아니다.

가끔은 먼 사랑도 필요하다. 적당한 간격, 적당한 온도.

命의 소모

제1장

　기분은 하늘을 뚫을 것처럼 올라가다가 미친 듯이 추락한다. 그럴 때마다 나는 괴물이 된 기분이야. 마냥 좋은 사람도 아니고 또 나쁜 사람도 아니야. 이런 내가 싫어, 나는. 타인과 함께면 애써 밝은 사람인 것처럼 웃고 떠드는 것도 힘들지만 집에 돌아와서 혼자 우는 것도 힘들어. 마음도 공허한데 내가 존재하고 숨을 쉬는 이 집도 공허하니까. 나는 그냥 내가 사라졌으면 좋겠어.

　너무 힘들어서 주말이면 안 잡아도 될 약속을 억지로 잡아. 울고 싶지 않으니까. 그렇게라도 웃어야 될 것 같아서. 나는 그 굴레에서 힘없이 떠돌고 있어. 화가 늘어 가고 감정이 파도치는 그 순간이 싫어. 나도 내가 싫어. 나는 내가 싫어. 어쩌면 좋지.

　나는. 어떻게 해야 하지.

　날이 갈수록 자기혐오는 자라나고, 어째서 내 정신은 부서지기만 할까. 무엇을 위해, 무엇을 원해서 숨을 쉬고 또 거리를 거닐며 웃고 있을까. 웃으면 행복할 거라며.

　거짓말. 그 누구도 날 안아 주지 않고 위로하지 않는데. 가면에 감춘 내 모습을 몰라. 나는 항상 울고 있었어.

　네가 날 바라볼 때에도, 눈앞에 보이지 않아도.

눈물에도 허기짐은 있다

눈을 감아도 네 모습이 선명하게 보이는데 어떻게 널 사랑하지 않을 수 있을까. 너의 사랑은 새벽을 닮은 푸른색. 일렁이는 수백 개의 별, 그 사이에서 너를 찾고 한숨으로 널 부른다.

命의 소모

제1장

하루라도 빨리 곁에 두고 싶은 마음은 비가 내리는 세계에 뿌리를 내리고 마냥 젖어만 간다. 자라나다가도 과한 감정에 눈물짓고 또 어떤 날은 그게 좋아서 웃고 있다. 감정은 갈피를 잡지 못하고 허공을 떠돈다. 떠도는 날이 길어질수록 커지는 불안감을 안고 잠이 드는 일이 잦아졌다.

눈물에도 허기짐은 있다.

아이야, 사랑한다. 두 눈을 바라보면 너무도 아득해서 차마 하지 못했던 고백을 이 밤에 홀로 읊조린다. 어둠 속에 가려질까 별을 찾아 끌어다 띄워도, 내일이면 지워질 글자를 애써 적는다. 이토록 사랑하는데 아름답지 않은 날은 없고, 눈물 흘리지 않을 날도 없다. 눈물 끝엔 항상 네가 걸려 있다.

命의 소모

쉼 없이 걸으면 하늘 끝까지 닿을 것 같아요. 낮에는 구름 위를 걷고 밤에는 별의 다리를 건너요. 내 낡은 신발 아래서 빛나는 별의 조각을 하염없이 바라봐요. 이곳에는 나도 있고 당신도 있어요.

당신의 눈물이 하얀 눈이 되어 이 땅에 쌓이는 꿈을 꿨어요. 세상에 검은 장막이 드리우고 지난밤의 당신에 대한 기억이 내 문을 똑똑 두드리며 안부를 물어도 마냥 좋다고 할 수는 없을 것 같아요.

이곳은 우주, 두 개의 달이 뜨는 세계예요. 비가 내려도 괜찮아요. 우산이 필요 없는 이곳은 유성우가 쏟아져 내리는 사막, 당신을 닮아 경이로운 우유니 소금 사막이에요.

슬픔에 눈물지어도 그 눈물마저 별이 되어 빛나고 있어요.

눈물에도 허기짐은 있다

고통스럽다. 근래에 이렇게까지 죽고 싶었던 적은 없었다. 나는 500ml의 사람이다. 1L의 그릇을 가져와 가득 채워 주길 강요하는 사람들 때문에 죽을 것 같다. 멀쩡하던 속이 울렁거리고 세상이 핑핑 돌기 시작했다. 확실한 목표치도 없는 나를, 억지로 등 떠밀고 멍이 가득한 손목을 붙잡고 앞으로 질질 끌고 가려 한다. 이러다 나 죽어요, 죽어요. 외쳐도 듣지 않는다. 그들에겐 귀가 없어서.

약이 아닌 독을 삼키고 있다는 걸 너무도 잘 안다. 참 오랜만에 버겁다는 느낌을 받았다. 그냥 늘 있는 일이라고 애써 넘기기엔 고통과 무게가 너무 크다.

命의 소모

제1장

이토록 사랑하여, 그토록 아픈 날이었다.

나는 너를 사랑하기 위하여 모든 것을 버렸다. 셀 수 없을 정도로 버리고 또 버렸지만 그게 아깝지 않았다. 넌 나를 보며 웃었지만, 난 네게 항상 미안했다. 정말 너에게 내가 괜찮은 거니. 나란 존재가 네게 부족한 사람일까 겁이 나서 숨을 삼키던 날이 쌓여 새로운 별을 만들었는데. 넌 그 별을 보며 뭐라고 할까.

눈물에도 허기짐은 있다

눈을 뜨면 흩어지는 사람.
애써 걸음을 옮기면 자꾸만 멀어지는 사람.
손을 뻗으면 눈물 먼저 보이는 사람.
그렇게 사랑해도 이 사랑은 네게 눈물뿐인 사랑이라서.
네게 보이지 않는 곳에서 한참 서성이는 나를.
궂은비를 맞으며 기다려 온 시간을 지나 겨울.
비는 그치지 않는데 어째서 겨울인 걸까.

신께 참 많이도 빌었다.
숨이 끊어지는 그 순간에는 너를 내 앞에 데려와 달라고.
널 기다리는 동안 난 항상 지옥 끝에 서 있었다고.

마지막이라면.
그땐 내가 너를 안을 수 있게 해 달라고.

命의 소모

곁에 없다는 것을 인지하고 있다. 머리는 네가 없음을 너무도 잘 알고 있었고, 손에 잡히는 것은 차가운 바람뿐이라는 것을 눈치챘을 때 비로소 네가 떠났음을 확정했다. 사람을 낙원으로 삼고 그 현실에 안주하며 살았다. 사람이 세상에 태어나 떠나는 날이 정해져 있지 않다는 것은 당연하지만 이렇게 갑자기 떠날 줄은 상상조차 하지 못했다. 흐린 하늘을 바라보며 오늘 날씨가 참 괜찮다고 말하던 네가. 비가 내리는 오후, 낡은 우산 하나에 의지해 나를 기다리던 네가. 여린 숨을 애써 붙잡아 꽤 긴 시간을 견뎌 준 네가 참 많이도 그리웠다. 네가 없어도 나는 존재한다. 네가 곁에 있던 그때는 네가 있어서 나도 세상에 살아 있는 줄 알고 참 감사하기도 했다. 너는 별이 빛나는 봄을 참 좋아했다. 눈을 잠시 감았다 떴을 뿐인데 발끝이 시린 겨울이 내 앞에 서 있었다.

올해를 함께 넘기자고 했었잖아. 그렇게 떠나니 후련하냐고 묻고 싶다. 나는 여전히 네 기억에 사는데 너는 어떠냐고 묻고 싶다. 내 손 안에는 많은 물음이, 내 안에는 많은 질문이 존재했지만 대답해 줄 이는 세상에 없다. 그해에 멈춰 있는 나는 죽지도 않고 잘 살아 있다. 누군가는 너를 지우라고 말하지만, 말처럼 쉽지 않다는 것은 어쩌면 당연한 일이다. 누군가에겐 그 당연한 일이 내겐 당연하지 않다고. 언젠가 끝이 있을 것에 사랑이란 이름을 붙이지 말았어야 했는데. 뒤늦은 후회는 독이 된다는 것을 알면서도 나는, 오늘도.

어떤 이는 사랑이 삶을 살게 한다고 말했다.
그럼 이토록 죽을 것처럼 아픈 나는 뭔데.

눈물에도 허기짐은 있다

파도가 친다. 물살은 빨랐고 손이라도 넣으면 휩쓸려 갈 것 같았다. 까만 밤이란 배경 안에 홀로 우뚝 서 있는 모습이 등대 같다고 생각했다. 홀로 감춰 두었던 감정은 폭풍처럼 휘몰아쳤고 해일이 되어 덮쳤다.

그 속에서도 희미하게 빛을 내는 너도 대단하지만 모진 아픔을 온전히 마주하고도 눈물 하나 흘리지 않는 모습이 안쓰럽기도 했다. 네 잘못이 아니야. 네 자신에게 조금은 관대할 필요가 있다.

삶의 소모

사실은 하고 싶은 말이 많았어. 미치도록 그리운 날이면 불안정하게 뛰는 심장 때문에 하고픈 말이 제대로 나오지 않아서 눈물을 머금고 입술을 굳게 다물었어. 차마 하지 못했던 말이 울음으로 인해 엉망이 되어 버릴까 봐, 겁이 나서 피가 맺히도록 입술을 세게 깨물었어. 알아, 이제 네가 없으면 나는 빈껍데기일 뿐이라는 걸 말이야. 네가 이곳에 있기에 나 또한 이곳에 존재함을 알아주기만 하면 돼. 오늘도 많이 사랑해서, 밤의 색이 짙어질수록 앓겠구나. 깊이, 더 깊은 곳으로 가라앉는 것처럼.

눈물에도 허기짐은 있다

시도 때도 없이 허기가 진다. 감정의 결핍이 주는 착각이었다. 물을 하염없이 들이켜며 눈물을 토해 낸다. 채워도, 채워도 새어 나가는 것은 물뿐만이 아니었음에도 착각 속에서 허우적거렸다.

命의 소모

제1장

 네가 이곳에 없다는 것을 알면서도 주변을 두리번거리며 걷게 된다. 오묘한 빛으로 물드는 7시의 하늘, 오후 3시의 온도와 사뭇 다른 바람에도 너는 없는데. 이따금 집으로 돌아가는 길에 쓰러져 죽었으면 좋겠단 생각이 들곤 했다. 삶의 의미를 새기기엔 나는 너무도 부족해서.

나는 네게 지나치게 헌신적이었다. 널 위해 세상에서 가장 예쁜 말을 모아 주었고, 마음이 답답하다고 하면 늦은 새벽이라도 너를 데리고 바다로 갔다. 별이 지상으로 산책을 나와 우리에게 반짝이며 인사했다. 어쩌면 너는 나를 죽이러 온 존재가 아닐까 생각했다. 내가 아닌 다른 사람에게 사랑을 퍼 주고 그걸로 모자란다며 내게 찾아왔다. 내 사랑을 꺼내 주었더니 너는 그 사람에게 모두 가져다 바쳤다. 그 사람으로 인해 눈물을 흘리다 눈물이 모자란다며 내게 찾아왔다. 내 눈물을 모두 주었더니 나는 더 이상 감정을 느낄 수가 없었다.

사랑해서, 사랑해서 주었던 모든 것들이 나를 죽이려 들었다.

命의 소모

제1장

나비가 춤을 추는 밤에는
슬픔이 넘실거리며 가득 차올라
빗물 또한 흩날림을 주체하지 못해
메마른 땅 가득 적시고 도망쳤음을
모르고 있는 것이 아니야

눈물에도 허기짐은 있다

열이 난다. 세상이 빙글빙글 도는데 그 가운데 네가 있다. 아픈 지금이 서러우면서도 보고 싶은 얼굴이 보이니 또 좋아서 울고 싶어진다. 닿으려 해도 닿지 않는 우리는 태양과 명왕성. 너무도 멀어서 이토록 애가 탄다. 마음에 비가 내리는 날, 두 눈에서 파도가 치는 날.

命의 소모

제1장

라이터를 꺼내 불을 붙였다. 참 쉽다.
손가락 한 번 움직일 뿐인데 타오르고, 쉽게 사라져 버리는 일이.

안개를 만들어 시야를 가린다.
일렁이며 형체를 갖추기에 한참을 지켜보았다.

끝끝내 그려 내는 것은 너였으니 참 우습기도 했다.
시작 또한 없었지만 끝조차 없다는 것을 알기에
모든 날이 지옥 같았다.

눈물에도 허기짐은 있다

마음을 파는 상점이 있었으면 좋겠어요. 이 마음은 품고 있으면 있을수록 가시만 늘어 가요. 자라고 자라 내 자신을 해치려 들어요. 뚝뚝 흘리는 눈물을 담아 저 하늘에 띄우면 들을 수 있나요. 이 마음을 팔아, 내게 평안을 선물하고 싶어요. 내일, 눈을 뜰 수 없는 내가 되길 바라요. 적당한 때, 적당한 시에 사라질 내가 되길 기도해요. 마음을 잃으면 죽는 거라고 내게 가르쳤잖아요. 가질 수 없다면 차라리 죽을게요. 안녕히, 안녕히 지내요.

내가 없어도 평화로울 당신에게.

命의 소모

제1장

사라지는 것들에 미련을 두지 않는 게 좋다고 배웠다. 애를 쓰고 발버둥을 쳐도 끝내 사라지는 것들에 대한 애정은 독이 되어 나를 잠식하고 죽음으로 내몰 것이라고 했다.

하지만 엄마, 사람도 끝내 사라지게 될 텐데 사랑하지 않으면 나는 무엇을 위해 살아야 하나요.

눈물에도 허기짐은 있다

아득한 곳에서 빛나는 저 수많은 별 중 너의 별은 어디일까. 먼 길을 돌아 '내게로 돌아오겠다' 약속한 너는 여태 돌아오지 않고 있다. 긴 여행을 떠나는 것이라고 내 손을 쥐며 울먹이던 네가 오늘도 울고 있는 것인지. 유난히 많은 별 중에 애타게 빛나고 있는 별 하나가 있다. 너, 떨어지지 말고 그곳에 잘 있기를 바란다. 긴 시간을 돌고 돌아 쌍둥이 별이 되어 네 옆으로 가겠다고 다짐한 오늘을 너 또한 잊지 않기를.

命의 소모

제 2 장

상실

자신이 없어요.
꽃가루가 비처럼 내리던 날을,
바다처럼 푸르게 빛나던 그 하늘을,
바람이 가는 방향대로 가볍게 흩날리던 낙엽을,
여위어 추위에 떨던 나뭇가지 그 위로 내려앉아
안아 주던 눈송이도요.

그 모든 계절에 당신이 있었잖아요.
사계절을 함께한 사람이,
당신이 처음이라서
나는 이 모든 기억을 잊고 떨쳐 낼 자신이 없어요.
차라리 죽을까요.

상실

쥐어짜는 고통. 노란 눈물이 울컥울컥 입술 사이로 쏟아지는 아침. 연이어 오는 고통에도 눈을 뜨고 숨을 쉬기를 어언 십 일. 아프면 아프다고 울지도 못하면서 웃기만 한다. 고장 난 사람을 그 누가 사랑하고, 아프다고 말도 못하는 사람을 누가 안아 줄까.

命의 소모

좀먹어 버린 기억을, 마음을 되찾으려 많은 밤을 달렸다고. 그땐 선명하게 색이 존재했었는데, 이제 와 돌이켜 보니 온통 회색이었다. 그 기억이 조금 더 행복을 담았으면 하는 마음에, 바람이 잘 드는 곳에 두었더니 빛이 바랬다. 손끝으로 애써 선을 이으려 해도 삐뚤기만 했다. 사랑이 제자리로 오는 일은 참 어려웠다. 세상 그 어떤 문제보다 더 아프고, 알맞은 해답도 없다. 숨을 담을 공간이 남아 있지 않아서 얕게 쉬는 숨이 차라리 멎어 버리길 기도했다. 언제는 심장이 입으로 튀어나올 것 같더니, 지금은 심장이 발에서 뛴다. 거기서 거슬리게 뛰기에, 나는 홀로 숨을 쉬는 날이 늘어 가는 만큼 고개를 숙였다. 숙여도, 숙여도 닿지 않았다.

상실

너의 이름이 '달'이라고 했다.
어둑어둑, 어두워진 이 밤에
네 이름 석 자를 조용하게 읊으면
구름 뒤에 가려진 달이 고개를 내민다고 했다.

웃어 주진 않지만, 나 여기 있다고.

命의 소모

제2장

　나는 항상 네 주위를 맴돌고 있었다. 어젯밤, 네가 울고 있을 때도 곁에 있었다. 너는 내가 아닌 어둠을 찾아 더 깊은 곳으로만 들어가고 있었다. 비가 내리는 너의 방에는 항상 내가 있었다. 보이지 않을 뿐, 지키고 있었다. 너는 죽어 버린 나를 잊으려 애를 썼지만, 나는 죽어 버린 몸으로 널 지키려 애를 쓰고 있었다.

내 눈물을 모아서 하늘에 띄우면 그건 달이렷다. 지나가던 이가 묻기를 '그 달은 낮에도 뜨는지요?' 하기에 그렇다고 대답했다. 내 그대 없는 하루는 밤낮 가리지 않고 어둠이려니 성큼 다가오시라고.

알고 있습니까. 당신의 말이 내게 폭력이 되어 돌아오던 날 말입니다. 우리 사이에 삐뚤삐뚤한 선을 애써 긋던 하얀 손가락을 잊지 못합니다. 그저 그런 관계 속에서 얼마나 울고 웃었는지 모릅니다. 저도 사람인지라 아픈 기억만 남아 괴롭게 합니다. 그래도 당신만은 아프지 않길 바라며 멀리 서 있는 저를 잊지 마세요. 당신이 떠난 그날부터 나의 하루에는 보랏빛 달이 뜨고 지기를 반복합니다. 두 눈이 멀도록 빛나는 달을 향해 손을 뻗는 저를 보고 계신가요. 언젠가 사라질 것들을 사랑하지 말라 하셨죠. 시간이 흐르면 숨처럼 탁해질 기억을 품고 잠들지 말라 하셨죠. 여쭙고 싶습니다. 시간이 흐르면 제 존재도 죽어 사라질 텐데 어찌 그 눈에 담으셨는지 말입니다. 저는 그 바보 같은 짓을 아직도 하고 있습니다. 끝내 사라질 당신을 품은 저는 보랏빛으로, 보랏빛으로 흩어집니다. 제가 오면 비가 내린다고 하셨죠. 제가 떠나면 폭풍이 친다고 하셨죠. 당신이 없어서 제 세상엔 보랏빛 비가 내립니다. 그렇게 넘쳐 당신이 있는 그곳까지 흘러, 흘러갔으면 좋겠습니다. 당신 발끝이라도 물들일 수 있다면 저는 그렇게 죽어도 괜찮습니다. 하늘이 보랏빛으로 운다고 하셨죠. 그건 제가 당신께 보내는 안녕임을 잊지 마세요.

상실

타오르는 마음은 재를 남기고
그 재가 바스러지면 검은 흔적을 남기는데,
당신은 하얀 손에 흔적을 담아
어느 곳으로 떠났나요.

손에 닿는 곳에 있으라고 했잖아요.
그렇게, 그렇게
아득한 곳으로 도망가심
당신을 사랑하는 나는 뭐가 돼요.

命의 소모

제2장

차라리 흘러가게 둘 걸 그랬나 봐요. 품에 안고 싶어 욕심을 담아 끌어안았더니 곪아 울고 있는 당신이 눈에 밟혀서 나 역시 겨울 속에 살아요.

상실

아이야, 어제는 지나가던 바람이 나에게 묻더라.
너는 어디로 가고 있는 거냐고 말이다.
나는 한숨으로 대답하길,
그러는 너는 네 종착지를 알고 있느냐 물었다.

그렇게 흩어져 버린 바람은
자신이 소멸의 길로 가고 있는 것을 모르는 듯싶더라.

어제는 둥근 달이 떴다, 아이야.
나 역시 그 바람처럼 사라져 없어질 것을
너무 잘 알면서도
물음으로 회피한 나를 너무 사랑하진 말아라.

命의 소모

모든 것은 나의 선택이었다. 누군가 나의 꿈을 포기해 달라 울며 내 손을 잡았을 때, 작은 실 하나 놓아 버린 것도 나였다. 헤프게 우는 일을 그만두게 된 것도 나의 선택. 울고 싶을 때 속 시원하게 울지 못하게 되었어도 그 누구를 탓할 수 없다. 하나부터 열까지 내가 택했다. 후에 당신이 내게 질리도록 불러 줄 이름을 바꾼 것도. 많은 사람들 속 당신의 손을 잡은 것도 내 선택이었다. 선택에는 책임이 따르는데 나는 그 사이에서 치이며 다치고 있다.

우울은 구석에 숨어 있다가도 불편함을 느끼면 기어 나왔다. 발끝을 톡톡 두드리다가도 순간 심장으로 파고들 때면 고개를 저으며 아니라고만 했다. 오직 내게만 들리는 불편한 목소리에 귀를 때리며 그만하라고만 했다. 허상임을 알고 있음에도 그것에 시달리며 몸부림치고 있었다.

 (숨의 소모

무기력은 재능에서 비롯됐다. 노래를 잘 부른다고 해서 10년을 배웠다. 스펙트럼을 넓히고 싶어서 피아노도 배웠고 작곡도 배웠었다. 부모님은 음악을 직업으로 삼지 않았으면 좋겠다고 했고, 나는 그걸 놔 버렸다.

그래도 비슷한 계열을 하고 싶어서 그림을 배웠다. 그림을 잘 그리고 싶어서 학교에 10시까지 남아 늘 그림을 그렸다. 이젤 앞에 앉아 있던 내가 문득 죽고 싶다고 느꼈을 때, 나는 그림을 포기했다.

선택지가 없어 책을 읽었다. 글을 잘 쓴다고 해서 문예부에 억지로 끌려갔다. 쓰고 싶은 글과 써야만 하는 글 사이에서 괴리감을 느꼈다. 사회 비판의 글을 적으며 나는 쓰고 싶었던 글의 본질을 잃어버렸다. 나는 그것마저 놓았다.

무엇 하나 쉽지 않았다. 하고 싶었던 것들과 해야만 했던 것을 하나, 둘 놓을 때 무기력이 파도치듯 넘어왔다.

그것은 소리조차 내지 않고 성큼성큼 다가오기에 나를 온전히 빼앗긴 후에야 알았다.

(상실)

내 그대 아니 오시기에 벚꽃 잎을 한 움큼 머금고 말라 버린 땅 위를 걷습니다. 꽃잎을 토해 내고, 토해 내며 걷습니다. 그리해도 나무가 자라지 않는 것처럼 그대가 오실 리도 없는데.

命의 소모

내 손에 총이 들려 있었다고 말했다. 너는 내가 그 사람을 사랑해서 죽였다고 말했다. 사실 그 손에 쥐고 있었던 건 네게 주고 싶던 꽃이었는데 참 쉽게 흉기로 둔갑시킨다. 시선이 모서리 끝에 매달려 있었다. 나는 네게 사랑한다고 말하지만, 너는 내가 협박을 했다고 말한다.

감정은 등을 돌리고 눈을 마주치려 하지 않는다. 스치는 손은 멀어질 뿐 더는 닿지 않는다. 눈물은 별이 되지 못하고 마른 땅 위로 추락한다. 언제나 쉬운 것이 없었다. 엉켜 버린 끈을 풀지 못해 듬성듬성 잘라 냈다. 너는 짤막하게 끊겨 버린 마음을 쓰레기라고 불렀다.

너는 열심히 나를 나쁜 사람으로 만들고 있다.
그렇게 하면 네게 득이 있는 것처럼.

제 3 장

누군가는 그것을
기적이라고 불렀다

하늘이 물결치며 출렁인다.
바다에 붉은 구름이 퍼진다.
꽃이 내 방 벽에서 자라난다.

모두 말이 안 되는 말이지만 제일 말이 안 되는 건
꿈에서 널 만나고,
평범한 하루에도 너를 끼워 맞추며 행복해하는 내 자신이다.
내가 널 사랑하는 일.
그게 난 기적이라고 믿어.

누군가는 그것을 기적이라고 불렀다

날 죽이려고 태어난 거죠. 말이, 칼이 되는 거 봤어요? 그건 아무도 모르게 사람을 죽일 수도 있고 살릴 수도 있는 거예요. 나는 당신이 말로써 사람을 살리는 존재이길 빌어요.

命의 소모

아이야, 네 사랑을 의심하지 마라. 날씨가 맑다고, 흐리다고 또는 비가 내린다고 그 흐름에 네 감정을 탓하지 마라. 오후에 해가 구름에 가려 보이지 않아도, 밤이 되어 어둠이 내렸을 때 달이 보이지 않아도 항상 그것들은 존재하고 있다. 네가 굳이 말로써 내게 전하지 않아도 그 마음이 사라지는 것은 아니다. 너의 깊은 곳에서 존재하며 빛을 내고 있다. 나는 너의 눈에서, 입술에서, 손끝에서, 행동에서 그것을 느낀다. 네가 나를 소중히 여기고 사랑하는 것처럼 나 역시 그렇다. 이렇다 할 경계를 만들지 않아도 마음이 가는 대로 할 수 있는 우리이길 바란다. 만나고 싶으면 만나고, 보고 싶으면 보고 싶다고 말할 수 있으며, 사랑한다면 내가 이토록 사랑한다고 말하면 된다. 네가 지난 새벽에 끙끙 앓고 내게 하지 못했던 말을 전하지 않으면 녹이 슬어 삐걱거리며 널 아프게 할 텐데. 오늘은 꼭 내게 사랑한다고 고백해 주었으면. 나 그 마음을 안고 봄으로 갈게.

누군가는 그것을 기적이라고 불렀다

새벽이 좋았다. 낮은 공기도, 귓가에 사뿐히 내려앉아 속삭이는 별빛도. 그 무엇 하나 좋지 않을 것이 없었다. 당신이 있기에, 세상에 존재하는 모든 것이 내겐 기적으로 다가왔다. 기적을 꿈꾸게 하는 너는, 나의 세계였으니 신비로울 것도 없었다. 모두가 잠이 든 늦은 새벽 3시에는 달빛을 품은 나비가 그대 머리 위의 작은 창가에서 춤을 추었다. 작게 열린 문틈 사이로 달빛을 뿌리는 너는 내게 무슨 꿈을 꾸게 할 거니.

가볍게 닫힌 그대의 눈꺼풀을 두드리는 것은 햇빛이었다. 너의 시간이 매번 궁금했다. 내가 함께인 시간, 혼자 보내는 긴 시간도. 지난밤, 무슨 꿈을 꾸었을까. 그 꿈속에서 그대는 무엇을 보고, 어떤 길을 밟고, 또 누구와 함께였을까. 이슬비가 내리던 이른 아침에 꺾어 온 꽃을 그대의 손에 쥐여 드릴게. 그러니, 그러니까 그 꿈에서 나와 함께였다고 해 줘. 내 손을 잡으며 속삭였으면 좋겠다.

그대의 손끝에 남은 향기처럼, 지나간 새벽의 꿈속에도 내가 남아 있다고.

命의 소모

모래사장에 글을 적던 네가 울상을 지었다. 파도가 밀려와 지워졌다고 했다. 지워졌다고 생각하니? 네 문장이 아름다워서 파도가 품에 안고 갔다고 생각하는데, 나는. 너로 인해 저 바다는 더욱 아름다운 빛으로 반짝일 거야.

너 지금도 충분히 예뻐. 그러니까 자꾸 혼자 울며 네 자신을 탓하지 않았으면 좋겠어. 힘내라는 말은 하지 않을게. 그게 더 버겁다는 것을 알아. 다만 너의 새벽이 어제보다 조금은 더 따스하고 평화로웠으면 좋겠어.

네 자신을 의심하지 않았으면 좋겠어. 너는 그냥 너일 뿐이고 감정에 솔직할 뿐이야. 누구나 그런 면이 존재하고 모든 것에 너그러울 수는 없다고 생각해. 나는 성자도 아니고 하늘도 아니기에 이런 말밖에 줄 수 없지만, 내 말에도 작은 힘이 있다면 그게 봄을 닮은 온도를 품었으면 좋겠다.

〔 숨의 소모 〕

나는 그게 좋아요.
당신이 날 보며 웃을 때,
저 멀리 점으로 보이던 당신이 날 발견하고
양손을 팔랑팔랑 흔들며 내게로 뛰어올 때,
활짝 열린 창가의 하얀 블라인드 아래서 잠이 들었을 때,
깊이를 모르는 내 우울 안으로 뛰어들어 내게 손을 내밀 때.

사랑한다 말을 하지 않아도,
보고 싶다 전하지 않아도,
당신의 하루에 내 자리가 없었다고 해도,
나는 당신의 모든 것이 좋아요.

나, 사랑하는 것 같아요.
당신의 눈을 보면 알 것 같아요.

누군가는 그것을 기적이라고 불렀다

하룻밤의 기억이 사람의 평생에 영향을 미칠 수 있어요. 그 눈빛에서 은하수를 본 날부터 나는 기적 속에 사는 것만 같아요. 까만 눈동자에 내가 담기고, 내 이름 세 글자를 조곤조곤 읊을 때 나는 내가 나라는 사실에 소름이 돋아요. 이토록 싫었던 내가, 내 이름이 한순간 좋아지는 거짓말 같은 일이 요즘은 자주 생기더라고요.

命의 소모

제3장

 나는 평범한 하루도, 시답잖은 대화를 나눠도 함께여서 오늘이 감사한데 당신은 어떨지 모르겠어요. 당신이 내게 이리도 소중한데 저 별님이 그 사실을 모르실까요. 멀리 있어도 선명히 보여요. 너무 울지 말아요. 그래도 나름 괜찮았던 하루였다고 생각이 든다면 다행이에요.

누군가는 그것을 기적이라고 불렀다

네가 모르는 나의 꿈속에선
까만 배경에 수백 개의 별을 빼곡히 채우고,
분홍빛으로 밝게 빛나는 저 별이 너라고 말하고,
나는 파란빛으로 울며 네 별을 맴도는 위성이라고.

그해 여름처럼 어여쁜 빛으로
반짝반짝 빛나는 널
뜬눈으로 지새우며 애타게 부르는 나는 네 사랑이라고.

命의 소모

제3장

　네가 없는 세상을 서성이며 한참을 방황하겠지. 그 어느 곳에도 너를 담을 수가 없어서 모든 날 눈물을 흘릴 테지만, 긴 시간을 돌아 너를 만나는 날 웃으며 말할게. 흐르지 않는 시간 그 안에서 행복했을 널 상상하며 나 또한 행복했다고. 나 거짓말 잘하잖아. 네가 죽는 날 보여 준 그 미소를 잊지 못해서, 짙은 어둠이 내린 밤이면 구름 뒤에 숨은 달을 미친 사람처럼 찾았다고. 그 어디에도 이 마음을 내려 둘 수가 없어서 거리에 앉아 눈물을 흘리던 나는 결국 죽은 후에야 너를 만나 구원받았다고.

누군가는 그것을 기적이라고 불렀다

저 멀리서 손을 흔들고 있는 네가 한 폭의 그림 같아서 찰나의 순간 동안 거리에 멈춰 서 있었다. 나는 네가 항상 기적 같은데, 너에게 내 모습이 어떻게 비칠까. 석양이 지는 오후를 닮아 상기된 얼굴로 내게 달려오는 너는 내게 닿으려 해도 닿을 수 없는 하나의 행성인데.

命의 소모

꿀꺽, 삼키는 소리는 밤을 삼키는 소리.
꼴까닥, 이건 우울을 삼키는 소리입니다.
당신의 밤에는 우울함이 잠들어 있나요?

이따금 궁금해져서 눈을 감고 푸른 밤을 유영합니다.

누군가는 그것을 기적이라고 불렀다

아이야, 하루를 살아 여름을 앓고, 여름은 너의 눈동자 안에서 태어난다. 숨을 크게 마실 때 가슴 가득 퍼지는 여름의 온도는 너의 향기를 닮아 무겁다. 좀처럼 익숙해지지 않는 계절을 걸을 때면 내 두 눈을 가리고 어둠을 만들곤 했다. 멀어지려 해도 멀어지지 않는 아이야, 어둠 속에서도 오롯이 너만 빛나고 있다. 그래서 네가 나의 기적인 거야.

命의 소모

제3장

　붉은색의 꽃이 유리병에 둥둥 떠 있었다. 나는 그걸 마냥 바라보면서 투명한 병에 자수를 놓은 것 같다고 생각했다. 무미건조한 말로 툭 던졌을 뿐인데 너는 작게 웃기만 했다. 이어지는 고요에 익숙해질 때쯤 너는 곱게 다물었던 입술을 떼고 말했다. 꽃도 좋지만 그건 꽃을 닮은 사랑이라고. '사랑으로 물마저 붉게 변했는데 그걸 마시면 사랑에 전염되지 않을까요?' 담담히 말을 하는 것이 참 너답다고 생각했다. 너를 닮아서 참 고운 색으로 물들었구나, 말을 하지 못하고 작게 고개를 끄덕일 뿐이었다. 넌 언제나 다정했고 그만큼 예뻤다.

누군가는 그것을 기적이라고 불렀다

당신의 이름을 세 번 부르면 하늘에 외로운 별 하나가 뜬다고 하더라고요. 저는 그 별을 '루화'라고 부르곤 합니다. 눈물의 꽃이라고요. 당신은 제게 그런 존재예요. 그러니 울지 마세요. 웃으면 더 빛나는 존재인 걸 아시면서 그러세요.

命의 소모

글을 쓰는 데 이유를 묻는 당신에게.
나는 무슨 대답을 했었더라.

아, 잃어 가는 기억 하나 주워 담아
죽어 가는 나무에 하나씩 붙이다 보면
그 나무도 살아 있는 것처럼 보이지 않겠냐 말했었다.
그리 예쁜 색은 아니지만, 나뭇잎처럼 보일 거라고.

그 나무와 나는 공동체라서
그렇게 살아 있는 척이라도 하고 싶다고 했다.

그 말에 실소를 흘리며 비웃던 네 모습에
순간 조각들이 흩날리며 떨어졌다.

나를 이해해 주리라 생각해 오던, 꽃잎 같던 네가
한순간 소나기처럼 떨어지던 순간이다.

누군가는 그것을 기적이라고 불렀다

빛을 잃은 시간 속의 너를 그린다. 어두운 내 방 안에 홀로 누워 하얀 천장만 마냥 바라보고 있다. 내게 보통의 시간은 물먹은 솜처럼 무겁게 바닥을 기어 다니고 있었다. 함께한다는 이유만으로 깃털처럼 가볍게 하늘을 둥둥 떠다니는 시간이 되어 버렸다. 흘러가지 않길 바라는 마음을 알 리가 없다.

命의 소모

제 4 장

무제

입으로 토해 내야 할 이름을 끝내 놓지 못해서 눈물이 새어 나간다. 끊기지 않는 눈물은 날 어디까지 데리고 갈까. 확신하기를, 내 몸이 말라 죽어 가는 그 순간까지 애써 잡고 있는 낡은 끈 하나를 놓지 못해서 벼랑 끝에서 네 이름을 갈라진 목소리로 되뇔 거라고. 너의 존재를, 너의 이름을 차마 놓을 수 없었던 것은 네가 나를 숨 쉬게 하는 존재였기 때문이다. 사람을, 사랑을 전부로 삼지 말고 나를 존재하게 하는 세계로 삼지 말라고 했는데 나는 그 말을 어겼고 심장이 뭉개지는 고통을 감내하고 있다. 너를 안기 위해서, 너를 잃지 않기 위해서 나는 나를 버려야만 했다.

무제

평화의 범주 안에 네가 발을 내딛던 순간, 세계가 무너지고 하늘이 소용돌이쳤다. 생명을 앗아 가는 폭풍은 하늘에서, 애처롭게 떨구는 눈물은 당신의 입술에서, 가슴을 쥐어짜는 듯한 고통을 동반한 애정은 너의 손끝에서 태어났다. 너의 존재는 내게 혼란이었고 그게 사랑이라는 것을 깨닫기까지 참 오랜 시간이 걸렸다.

命의 소모

제4장

나락이 어디라고 했더라.
아, 아.
네 발밑이라고 했던 것 같다.
나랑 거기서도 함께하자.

너와 함께라면 무서울 것이 없고
너와 함께라면 스치는 칼날에도
웃을 수 있을 거야.

피 좀 나면 어때.
그게 내 사랑의 증거야.

무제

너는 나를 죽이려 태어난 것이 분명하다. 사랑한단 말이 이토록 아프다는 것을 한참 후에야 알았다. 너를 앓는 밤이면 어김없이 꿈에서 널 또 만나 옷자락을 붙잡고 말을 삼켰다. 사랑한단 말에 아팠고 보고 싶단 말에 먹먹했다. 꿈에서 너는 항상 내게 등을 보이고 떠났기에 아침이면 눈이 부었다. 이토록 아름다운 널, 사랑하는 널 품에 안고 차라리 오늘 죽어 버렸으면.

命의 소모

이토록 쓸쓸한 일을
이토록 가슴이 에이는 일을
이토록 눈물을 부르는 일을
궂은 바람을 맞으며 버티고만 서 있다.

언젠가는 손가락 마디 하나 걸고
보고 싶었다는 말 한마디 없어도
눈빛 하나에
온기 하나에
눈물을 펑펑 흩날리며 달려갈 날 알고 있다.

당신을 부르는 일은
내 생에 가장 어려운 일이라고.

무제

세상을 향해 소리치고 싶어. 내가 이렇게 살아 있다고. 반쪽짜리 심장을 품고 네 손을 잠시라도 잡고 싶어서 숨이 차도록 뛰었다고. 그 마음에 날 담지는 못하더라도 모른 체는 하지 말아 달라고. 내 이름을 잊지 말아, 아이야. 내 이름은, 내 이름은.

끝내 잊힐 네 사랑이야.

이런 나를 연민한다면 오늘 밤하늘에 푸른 달을 띄워 줘요. 저 바닥에 주저앉아 막히는 숨을 붙잡고 있는 날 위로해요. 이런 나를 사랑한다면 까만 하늘에 붉은 별로 장식해 줘요. 그 별을 세고, 하염없이 달을 바라보다 아침을 맞이하고 그대로 날 죽게 내버려 둬요.

제4장

　이따금 너는 내 꿈에 나와 팔랑팔랑 뛰어다녔다. 한 손에는 검은 장미를 들고 파란 물길을 건너 저 멀리서 내게 손을 흔들곤 했다. 깊은 물속으로 빠지고 있는 것도 모른 채 발걸음을 옮겼다. 닿을 수만 있다면 죽어도 괜찮다고 생각했다. 그래서 지금 내가 이곳에 있다. 닿기 위하여, 죽음을 위하여. 너는 오늘을, 영원을 위해 빌겠지만 나는 죽음을 위하여 쓴다.

무제

나의 밤은 남들보다 길어서 고통에 몸부림치는 시간의 연속이었다. 짙은 꿈속에서도 누군가를 찾고, 쫓으며, 쫓기는 시간이 이어졌다. 서늘한 칼끝이 내 허리춤에 닿았을 때는 눈을 질끈 감고 차라리 그대로 죽어 버리길 기도했었다. 꿈은 현실이 아니라서 아픔이 느껴지지 않아야 하는데 이상하게도 눈을 떴을 때 허리가 아팠다. 쓰린 허리를 부여잡고 또 무너지고 흐르지 않는 눈물을 찾으려 했다. 이토록 눈이 부신 아침이면 바닥에 엎드려 불안한 숨을 내뱉었다. 곧게 뻗어 나가지 못하고 흩어져 버리는 숨은 온전한 모양이 아니다. 잔뜩 모가 난 숨은 건조한 눈을 찔렀고 눈물은 흐르지 않는다. 익숙해져 버린 뜨거운 우울에 눈물이 증발된 듯싶었다.

命의 소모

아프지 말아요. 당신이 내 사랑이라고 했잖아요. 가까이할 수 없이 멀리서 서성이는 날 보지 못하는 당신에게 보내지도 못할 편지를 적는 나를, 알아도 모르는 것처럼 구는 당신 때문에 사라지는 나를 좀 봐요. 당신께 줄 것이 이런 작은 것뿐이니 가슴이 먹먹하네요. 안녕이란 말하지 말아요.

이런 나를 안다면 그러지 말아요.
이런 나를 안다면 울지 말아요.
이런 나를 안다면 그냥 나에게로 와요.
이런 나를 안다면 죽으려 들지 말아요.
이런 나를 위한다면, 이런 나를 생각한다면.

무제

나는 이걸 다행이라고 해야 할지 잘 모르겠어요.
내가 당신을 만나 한 계절을 보내고
두 번째 계절을 맞이한 내가
짓궂은 사랑에 매 맞아 죽어 갈 때요.

그런 모습을 보여 주지 않아
다행이라고 여겨야 할지 모르겠다고요.

우는 모습은 보기 싫고
또 내가 죽어 사라진 것도 모르고 거리를 헤매며
울고 있는 모습도 싫어요.

어떻게 할까요.
어찌해야 좋을까요.

命의 소모

아이는 어느 곳에서 존재한다.
오늘처럼 무더운 밤, 자리에 누워 천장을 바라보다
'아이야, 안녕.'
홀로 되뇌는 말이 하얀 벽에 맞아 바닥을 뒹군다.

뜨거운 숨을 내뱉고 잠시 거리에 멈춰
푸른 하늘을 보며 너에게 인사를 한다.

네가 듣고 있어도, 듣고 있지 않아도.
네가 이곳에 있어도, 있지 않아도.

그 언젠가
마음이 아픈 것은 주어진 삶이 모자라
숨을 팔아 연명하는 것이라고 말했던 아이야.

아이야, 아이야.
그래서 죽어 버린 것이냐고 묻고 싶다.
나를 남겨 두고 그곳에선 편히 지내냐고 묻고 싶다.

그래, 네가 편하면 그걸로 된 거지.
내 생각 말고 오늘도 잘 자.

무제

힘겹게 하루하루를 사는데 그 하루를 우울에게 팔고 있는 것 같은 느낌이 들어요. 잠식되어 죽을 날을 기다리는 것처럼 추워요. 눈물도 나지 않아요.

어차피 잠겨 죽을 텐데 그것마저 허락되지 않나 봐요.

命의 소모

제4장

그리워서 옆에 베개 하나를 두고 하염없이 바라본다. 새벽의 공허함은 나의 무게의 배로 느껴져서 눈을 뜨고 있는 게 버겁다. 시간을 헤아리고 지나가는 날을 센다는 것은 언제나 낯설다. 좀처럼 익숙해지지 않는 흐름 속에서 나는 힘없이 휩쓸린다.

무제

굽이진 길을 돌아 적막만 가득한 내 집에 도착했을 때의 감정은 새벽까지 이어진다. 공허함이 내는 소리는 가파른 길을 좋아하기에 매일 바닥을 기어올랐다. 내일로 닿는 길이 너무도 험했다. 아파요, 아파요. 외쳐도 아무도 듣지 않는다. 이곳은 안식처인가, 독방인가. 온기라곤 존재하지 않는다. 추위에 눈물을 흘리고 죽음을 상상하는 일이 잦아졌다.

命의 소모

제4장

　글에는 그 사람의 내면이 보인다고 했다. 지금처럼 글을 적어 내리는 순간에도 아무런 생각을 할 수가 없다. 아주 오래전부터 나의 글은 어떤 온도인지, 어떠한 향기를 품고 있는지 궁금했었다. 닿지 않는 활자를 적고, 해가 지난 후 다시 곱씹을 때면 입가에 쓴맛이 맴돌았다. 사랑하였으나, 그 사랑의 대상이 누구인지 모호했다. 아픔을 겪었으나, 아픔의 이유를 찾지 못해 밤길을 자주 헤맸다. 사랑을 적는 지금, 이 순간이 영원하길 바란다. 긴 시간이 지나 지금 이 사랑도 모호해지고 아픔의 이유를 찾을 수가 없게 되면 더는 살아갈 이유가 없다. 순간을 영원처럼, 영원을 지금처럼 간직하고 싶다. 내 글의 중심에는 네가 있으므로.

무제

10:11, 너의 눈에 바다가 생긴 시간. 나의 말이 태풍이 되어 네게로 도달한 시간은 60초. 바람이 일어 파도가 치는 바다야. 너를 막아 줄 방파제라도 만들어 놓으라고 하지 않았니. 내 말 하나에 범람하는 바다야. 의미 없는 말에 쉽게 무너질 너를 알아서, 차마 하지 못했던 말이 있었다. 내 목숨보다 더 아낀다는 말은 꼭꼭 씹어 넘겼다. 그러니 그렇게 울지 말란 말이야. 네가 울면 내가 무엇 하나 해 줄 수가 없잖아.

목숨의 소모

제4장

　언제나 가까운 곳에 존재했다. 물론 그걸 발견하는 이는 극히 드물고 또 붙잡을 수 있는 사람은 더더욱. 내가 말하고자 하는 것은 남들이 흔하게 논하는 그런 사랑이 아니다. 당신이 내게 시선을 던지고 다정한 말 한마디 하는 것. 그것도 나는 사랑이라고 생각하는데 어때요. 언제나 사랑함을. 하루가 흘러도 변하지 않을 우리가 되길 빌어요. 당신은 언제나 제 안에 있어요. 반짝반짝 빛이 나는 모습으로요. 처음 봤을 때부터 그랬어요. 처음부터 지금까지 빛이 나는 별의 파도가 당신이었으니까, 내겐.

무제

아프다고 하면 울어 주지도 않잖아요. 심장을 파내는 느낌이라고요, 나. 뜨거운 여름의 하루, 그다음 날 차가운 겨울이 온 것만 같다고요. 구석에 날 몰아넣고 그냥 그대로 방치하고 싶어요. 이런 날 누가 사랑해요. 말도 안 돼. 그걸 나도 너무 잘 알아요. 부디 당신은 아프지 마요. 예쁜 꿈 꿔요. 그렇다고 그 꿈에서 날 만나진 마요. 그게 훨씬 더 좋은 꿈이니까.

命의 소모

17.8Hz, 너의 이름을 불렀다.
그곳에 내가 없다는 걸 알고 있는 걸까.
세 글자, 둥글게 마무리가 되는 이름.
몇 번이고 곱씹는다.

언제나 네 곁에 있었는데 이미 죽어 버린 나는,
육체가 없는 나는, 네 눈에 보이지 않아서.

내가 네 이름을 부를 때면
너는 울먹이며 하늘만 바라봤다.

내가 없어서, 내가 죽어서.

무제

회오리가 치는 마음은 본연의 모습을 잃고 먹구름 위를 하염없이 걸어 다녀요. 물기를 잔뜩 머금은 구름에 두 발이 젖고, 무거워진 발을 부여잡고 몇 시간을 울었는지도 모르겠어요. 축축한 그 위로 널브러진 나는 그렇게 물들어 사라지길 빌었는데 어떻게, 어떻게 또 살아는 있어요.

命의 소모

괜찮지도 않으면서 괜찮은 척 구는 거. 힘들고 지치면서 웃음으로 아니라고 때우는 것도 지겹다. 나뿐만 아니라 타인도 그럴 것이다. 가면을 쓰고 자신을 온전히 보여 주지 못하는 것은 다른 이유도 아닌 남의 시선이 두렵기 때문이었다. 마음대로 나를 재단하고 판단하는 시선 때문에.

언제쯤 괜찮지 않다고 아이처럼 펑펑 울 수 있을까. 언제쯤이면 남의 시선에 묶여 움직이는 인형에서 벗어날 수 있을까. 나는 대체 언제 영혼을 악마에게 팔았는가. 구속은 보이지 않는 선으로 이어져 내 두 손목과 목을 휘감고 있었고, 이를 모르는 게 아니다.

무제

힘들어요. 매우 어지럽고 그러네요. 몸이 아픈 건 아니고 정신이 아파요. 받지 않아도 될 스트레스를 많이 받고도 빈틈이 보일 때 더 쑤셔 넣는 걸 보면 아마 많이 힘든가 봐요. 긴 여행을 떠나고 싶어지는 어제, 오늘을 보며 병들었다는 걸 느껴요. 여유도 돈으로 살 수 있나요.

) 숨의 소모

제4장

　한 번은 그러고 싶었다. 색이 짙은 안개꽃을 하나 사다가 계절마다 창가에 두고 싶었다. 큰 변화가 있을 리 없었지만, 계절에 따라 빛이 바랜 꽃을 보고 싶었다. 육안상으로 구별할 수는 없겠지만 나름대로 자기 위안이었다. 그렇게 여러 번 계절의 끝을 마주하고 한 해가 저문다. 살아 있음에 의미를 두지 못했던 날들이 지나고, 목적 없는 숨을 쉬며 비로소 새로운 계절을 맞이한다. 그 계절에 너를 만나 인생의 목표를 정했을 때, 나는 구원받았다고 말할 수 있다.

무제

가을을 좋아했다. 푸른 옷을 입고 누군가를 애타게 기다리던 나무가 비로소 사랑을 만나 수줍음에 붉은빛을 품고 물드는 모습이 보기 좋았다. 그 언젠가 나 역시 당신을 만나 작은 오솔길을 걷고 부드러운 그 손을 잡으며 가을 속을 온전히 걸을 수 있다면 참 좋겠구나.

　사랑한다고 말을 하면, 어쩌면 저 단풍잎보다 붉은 얼굴을 보일 네가 참 좋아서 나는 자꾸만 그 계절이 그리워진다.

命의 소모

눈이 내리는 날엔 당신도 오시겠지요. 당신이 제게 오는 그날엔 웃어야 할지, 울어야 할지 잘 모르겠습니다. 헤아릴 수도 없는 많은 시간을 기다렸는데, 그 기다림엔 아직 마땅한 이름도 주지 못했습니다. 사랑이라고 부르기엔 막연하고, 사랑이 아니라고 하기엔 당신이 내 전부라서.

그러니 당신은 이것을 마음이라고 부르세요. 세상엔 이런 마음이 또 존재하지 않으니 제게 오시는 날, 품에 안고 행복해 주기만 하세요.

무제

사랑한다고 말해 줬으면 좋겠다. 사랑한다고 말을 해도 너는 잃을 것이 없다. 네가 말하는 사랑이 날 위한 게 아니라는 것은 알고 있으니까. 비참하지만 너무도 잘 알고 있어서, 오후에 비쳤던 햇빛이 그토록 밝게 보였던 것 같다. 슬플수록 당연한 것들이 더 아름답게 보인다. 빌어먹게도.

너무도 평범한 일상에, 지극히 당연한 순간에도 내 자리는 없어서.

命의 소모

제4장

애써 너를 잊을 이유는 없지만, 발버둥까지 쳐 가면서 너를 사랑하지 않을 이유도 없다. 세상엔 꼭 이유가 없어도 되는 것들이 있다. 너를 사랑하는 이유를 원한다면 듣고 싶은 말로 들려줄 수 있지만, 구태여 거짓으로 꾸며 가며 이야기하고 싶진 않다. 그냥 너라서 좋고, 사랑한다고 하면 그만인 것을.

무제

내가 너를 찾는 이유는 숨을 쉬는 것과 같은 이유다. 삶이라는 범주 안에 네가 있는 건 너무도 당연한 일이 되어 버렸으니까. 네가 없다고 해서 내가 죽는 것은 아니다. 단지 숨은 쉬지만 살아 있지도, 죽지도 않은 상태로 눈을 뜨고 있는 것뿐이겠지. 감정이 죽으면 별이 된다고 했다. 빛을 잃은 별.

빛을 잃은 별은 어둠에 가려져 울지도 못하고 네게서, 내게서 잊힐 것이 분명했다. 선명히 보이는 미래에도 너를 품에 안으려고 하는 것은 욕심인 걸 알면서도 죄인이 되길 자처했다. 그래도 난 너만 있으면 괜찮아. 무리해서라도 널 지키고 사랑할게.

命의 소모

고요한 날이 없다. 밀려오는 파도에 떠밀려 흔적 없이 사라지고 싶다. 생각은 많은데 멍한 느낌이 자주 들곤 한다. 내 한계는 여기까지라는 것을 머리가 알려 주는 것처럼. 그렇게 멍한 기분이 들 때면 숨을 참는다. 되지도 않을 영면을 꿈꾸면서. 오늘의 나는 안녕하지 못하면서 타인에게 안녕을 빈다.

무제

내가 너에게 웃어 주지 않는다고
사랑이 아니라 단정 짓기엔 너무 가혹하지 않나.
나는 겨울 같은 마음으로 너를 사랑하고,
폭풍 속을 걷는 느낌으로 널 사랑하는데.

命의 소모

한때 널 애타게 사랑했었다. 나답지 않게 담배를 끊겠다고 입에 사탕을 물고 지냈었다. 입 안에 단맛이 퍼지면 인상이 찌푸려졌다. 지독하게 단맛이 낯설기도 하면서 그게 꼭 널 닮아서 그랬던 것 같다. 결국 깨물어 먹어 버린 사탕은 깊은 곳으로 넘어갔다.

　도를 넘은 치사량,
　나는 널 그렇게 표현했다.

무제

제 5 장

지금 지친 당신에게

제5장

조건 없이 널 사랑해. 있는 그대로의 너를 사랑한단 말이기도 해. 하지만 넌 내게 조건을 따져도 괜찮아. 네가 원하는 사람이 될 수 있어. 쉽게 하는 말 같지만, 꼭 그런 것만도 아니야. 널 얼마나 사랑하면 이렇게 이야기하겠어. 네가 그만큼 좋단 얘기야. 한순간도 빼놓지 않고 널 사랑했으니까.

아이야, 어둠이 무섭다면 하늘을 봐. 별이 보이지 않는다고 해서 사라진 것이 아니잖아. 그 자리에 있지만, 오늘은 지쳐서 쉬고 있는 모양이다. 달의 모양이 변한다고, 어느 날 보이지 않는다고 해서 사라진 게 아닌 것처럼 말이야. 나 역시 그런 거야. 꿈에서 네 이름을 부를게. 손 잡고 나랑 같이 가.

命의 소모

내가 너의 사랑일 수 없다면 하늘의 별이 될게. 오래 빛나지도 않을게. 딱 사흘만 빛나고 있을게. 하루는 너의 눈물을 지켜볼게. 하루는 너의 아픔을 지켜볼게. 하루는 너의 행복을 지켜볼게. 마지막엔 내가 없이도 잘 지낼 너를 위해 나를 태울게. 내가 네 행복일 수 없다면, 너의 행복을 빌어 줄게.

당신의 이름이 가장 예쁜 별이 되었으면 좋겠어요. 많은 이가 당신의 이름을 부르고 빛나는 눈으로 바라보길 빌어요. 당신의 진짜 이름은 오직 나만이 알고, 부르고, 앓고 그러다 까무룩 잠이 들길 기도합니다. 어둠이 가득한 나의 꿈을 당신으로 채우고 또 메우길 빕니다. 그게 일상이길 바라고요.

命의 소모

사랑은 있더라고요. 사람마다 다르긴 하겠지만. 아직 땅에 묻혀서 싹을 틔우지 않았을 수도 있고요. 비바람을 맞으며 울고 있을지도 몰라요. 안개에 가려져 찾지 못하는 것일 수도 있잖아요. 나는 내일을 보고, 당신을 봅니다. 말이 흩어져 사라질까 두려워 입을 떼진 않지만, 사랑한단 말입니다.

그러니 당신은 오늘을 살고, 내일을 살아 주세요. 아주 먼 날에도 옆에 있을 제 생각을 하세요. 살아 있길 잘했구나, 생각이 들었으면 좋겠어요. 남은 것이 없다는 생각이 들 때, 옆을 보세요. 당신 곁엔 아직 제가 있으니까요. 그래도 남은 것이 없다는 생각이 드나요. 울지 말고 일어나요. 손잡고요. 힘들면 같이 가요. 그래도 돼요.

보고 싶어요. 당신은 제가 하는 이 말을 연인에게 하는 말이라고 생각하겠지만요. 그게 아니라고요. 제가 소중히 여기고 있다는 거, 알잖아요. 당신이 보고 싶다고요. 다른 누구도 아니고요. 별것 아닌 말이지만, 이 말 하나로 당신이 오늘을 조금이라도 행복하게 보내는 기적을 꿈꿔요, 저는.

命의 소모

제5장

사랑하는 이에게 무엇이 되고 싶은지 생각해 본 적이 있다. 답은 5분도 지나지 않아 나왔다. 나는 그에게 '숨'이 되고 싶었고, 지친 어느 날엔 '쉼'이 되고 싶었다. 숨이라는 글자에 널 향한 시선, 그 한 획만 더하면 쉼이었다. 그리도 원했던 것을 꿈에서 마주한다.

ㅅ, ㅜ, ㅁ 그리고 시선 하나.

눈을 감아도 아른거리는 모습에서 향기가 나요. 알고 계시는가요. 짙은 어둠을 걸어도, 그 속으로 잠식되는 그 순간에도 나는 당신의 손을 잡으려 애써요. 길을 잃지 말아요. 나를 잃지 말아요. 나와 함께 걸어요. 악몽이라도 괜찮으니까 나랑 꿈속까지 같이 걸어가 줘요. 이거 사랑이에요. 결국엔 당신이 날 버릴 테지만, 나는 아니에요. 내 이야기의 끝까지 당신과 함께할게요. 혼자라고 생각하지 말아요. 내 이름을 부르면 거짓말처럼 당신 앞에 서 있을게요. 기적은 그러라고 있는 거잖아요.

命의 소모

제5장

　눈을 감으면 보이는 사람은 언제나 너였어. 그 주위를 감싸는 배경은 온통 너였음을 부정하지 않을게. 날 닮은 사람을 마주하는 일이 얼마나 낯선 일인지 너는 알고 있을까. 차가운 바람이 부는 날이면, 나를 닮은 너를 떠올리는 날 알고는 있니. 바람이 분다고 해서 너까지 흔들릴 필요는 없어. 어두운 밤이 오면 너는 무섭다고 했었잖아. 고요한 밤이 내는 소리가 외로움이 되어 잠식한다고, 그래서 밤이 싫다고 했잖아. 외로움으로 빼곡히 차 버린 밤에도 내가 있는데 무엇이 그리도 두려워. 지칠 때면 네 손을 잡아 주는 내가 있어. 삶의 무게를 이기지 못해 떨구는 어깨와 얼굴을 붙잡아 주는 내가 있는데 뭐가 그리 힘들어서 울고 그래. 힘들면 날 찾아와도 괜찮아. 너의 평안함이 나의 하루가 된다는 사실을 잊지 마. 내가 널 사랑해서, 내가 널 찾고 필요로 하는 것처럼 너도 날 찾아 줘. 나는 네가 있어 아름답고 완전하다는 것을 잊지 마. 널 미치도록 사랑하는 내가 있다는 걸 기억해. 그럼 오늘도 행복해 줄래? 오늘 소원은 그걸로 할게. 그렇다고 꼭 행복해지려 애쓰지 않아도 돼. 오늘도 사랑할게. 너의 하루에도 내가 있길 빌어.

너를 보면 마음이 편안해지는 것은 말이야. 그건 어쩌면 네가 내게 특별한 존재이기 때문일 거야. 굳이 말을 하지 않아도, 차가운 손을 뻗어 그 따스한 손을 잡지 않아도, 입술을 맞대며 오늘 하루의 평안을 묻지 않아도 괜찮은 존재인 거야.

너는 내 삶에 스며들었으니 네 마음대로 떠날 수도 없을 거야. 나는 네가 필요하고, 원하고 또 그리니까. 지난날에도, 오늘도, 내일도, 먼 미래도 나는 함께할 너를 상상하니까. 그러니까 나의 영원이 되어 줘.

너를 위해서 난 세상과 맞서 싸울게. 누군가가 너에게 돌을 던지면 대신 맞아 줄게. 그 어느 누가 네게 손가락질을 한다면 너의 눈을 가려 줄게. 그건 내가 대신 받게. 네가 울고 싶을 때면 내가 곁에 있어 줄게. 그리 멋진 고백은 아니지만 아주 조금은 특별한 고백이야.

이건 내 모든 것을 바쳐서 널 지키겠단 말이야.

命의 소모

제5장

　닿지 않을 이름을 되뇌었다. 닿아선 안 될 이름을 감히 입에 머금고 짙은 어둠이 잔뜩 엉켜 있는 눈으로 그 사람을 눈에 담았다. 나의 죄는 바로 그것이었다. 사랑했고, 사랑을 버렸다. 어제는 해가 조각조각 부서지기에 손 안에 담아, 유리병에 모아 뒀다. 해의 조각이 마르는 날, 너의 집 앞 화단에 심어 비를 부르고자 했다. 비를 잔뜩 머금고 축축한 땅을 뚫고 자라나 고개를 드는 새싹을 기대했고 머지않아 활짝 웃으며 태어날 이름 모를 꽃을 바랐는지도 모른다.

　꽃이 피어나기 전 나의 죄에 대한 판결이 내려졌다. 너를 사랑한 죄에 대하여 내려진 형벌을 알게 되었을 때, 많이도 울어야 했다. 네가 없는 공간, 네가 없는 시간, 네가 없는 나. 독을 품은 사랑이 데리고 온 형벌은 한순간 세상을 바꿔 놓았다.

　죄의 이름은 사랑이요, 벌의 이름은 너의 죽음이니.

　너의 죽음으로도 나의 죄는 계속되었다. 네가 없는 세상, 네가 없는 지금, 네가 없는 내일 그리고 미래에도 널 사랑해 마지않을 테니 나는 죽을 때까지 죄인이다.

언젠가 하늘이 푸른 이유를, 바다를 동경했기 때문이라고 생각했다. 힘이 들 때면 고개를 들어 바라보며 하늘에 떠 있는 투명한 바다라고 좋아했었다. 오늘처럼 회색빛으로 물든 하늘이 머리 위에 자리하고 있을 때면 차라리 비가 쏟아지길 기도했다. 그렇게 울먹이고 있지만 말고 울어도 괜찮은데.

命의 소모

제5장

　심장이 불안정하게 뛰어요. 오는 길에 많이 몽롱했고 사리 분별이 잘 안 되더라고요. 어떤 이유에서든 아픈 건 확실하니까요. 그냥, 그냥 오늘의 내가 조금 더 힘을 낼 수 있길 빌어요. 저도 그렇고 당신도요. 서로의 안부를 묻는, 어쩌면 사소한 일이 즐거운 하루의 원천이 되기도 하니까요.

절절하게 보고 싶다가도 나를 싸늘하게 만들어 버리는 글자가 너무도 싫었다. 한동안 괜찮다가도 갑자기 찾아와 발목을 부여잡고 저 밑으로 날 끌고 가는 네가 너무도 싫었다. 대화의 단절을 느낄 때면 차라리 내가 죽어 버리길 기도했다. 무어라 말을 해야 할까 고민을 하다 마음이 아팠다. 끝내 노력 없인 되지 않을 관계인 건가. 대단한 무언가를 바란 것도 아니었고 구구절절 긴 문장을 바란 것도 아니었다. 내가 원하는 것은 짧더라도 진심이 담긴 말 한마디였는데. 살아 있는 것에 대한 환멸감을 느꼈다. 누군가에게는 빛이 되어 주고 싶었고, 기댈 수 있는 사람이 되고 싶었다. 그게 헛된 꿈이었다는 것을 알고 있었으나 눈을 가리고 보이지 않는 척했다. 가엾게도.

生의 소모

제5장

네가 바라는 것이 기적이라면 매일 밤하늘을 올려다보고 별이 떠 있지 않아서 울상 짓는 일은 그만두어도 된다. 나는 너의 기적이 되기 위해 큰 노력을 했고 지금 이곳에 존재한다. 가끔은 존재함에 대하여 의문을 가지지만 내가 네게 힘이 된다면 그게 존재의 이유겠지. 아주 어린 시절의 나는 나의 존재를 인정하지 않았고 이유를 찾지 못해 자주 울었다. '찾지 못한 이유'를 핑계로, 보고 싶은 것만 보고, 듣고 싶은 것만 들으려 했다. 천성이 모질지 못해서 결국 보기 싫은 것을 보고, 듣기 싫은 것을 듣고, 홀로 방 안에 앉아 많이도 울었다. 조금 전에 빨래방에 홀로 앉아서 세탁기를 돌려 놓고 가만히 앉아 생각했다. 존재의 이유를 굳이 거창한 것으로 정할 필요가 있을까. 우주에서 바라보면 먼지만도 못한 크기의 인간인 내가 엄청난 존재이길 바란다는 것이 어쩌면 욕심이기도 했다. 단 한 명뿐이라도 온전히 내 편이 되어 주고, 내가 그편에 서는 것. 큰 의미가 없어도 단 한 사람에게라도 그 말이 기적이 되는 그런 사람이라면 참 잘 살았다고 말할 수 있겠구나 싶었다. 존재의 이유는 별거 없는 것 같다. 내가 이곳에 있음으로, 네가 내 곁에 있음으로.

존재한다. 오늘도, 내일도.

작은 틀에 갇혀 둥둥 떠다녔다. 의지란 것이 바닥난 지 이미 오래였고, 추억이 녹색의 물 위를 떠다니며 썩어 가고 있었다. 수면 위를 떠다니는 추억을 주워 담을 기력조차 없었고 멀어지는 널 잡아야 할 이유는 그 어디에도 없었다. 사랑이 아니기에, 사랑의 이유가 내가 되지 않았기에 무력감을 느꼈다. 너 하나 없을 뿐인데 숨이 막힌다. 그렇구나, 너는 내 숨이었구나. 안녕, 이곳은 버려진 어항, 아무도 손대려고 하지 않는 이끼 가득한 공간. 나는 아가미가 없는 열대어야.

숨의 소모

제5장

길을 잃어 한참을 서성이는 거리는 회색.
바다가 거꾸로 솟아 하늘을 향해 달려가는 새벽 3시.
초록 빗방울이 하늘을 수놓아 푸른 나무를 만드는 꿈.
갈라진 땅 위를 이어 주는 흑백의 무지개.
까만 눈동자로 투명한 눈물을 흘리는 너.

모순이 가득한 세상에서 나는 너를 보는데, 넌 어딜 보는 건지.

이름이 신의 이름 같다고 하는 네게 무어라 대답을 해 주어야 알맞을까. 아이야, 늘 말하지만 항상 바른길로 가는 사람은 없단다. 바른길이라 생각하고 들어선 길이, 가시덤불이 가득하고 낭떠러지로 이어지는 길일 수도 있다. 그래도 넌 걱정 말아라. 그 낭떠러지로 향하는 길에는 내가 있다. 그 손을 잡고 언제까지고, 네가 원하는 영원까지 함께해 줄게. 나는 그러려고 이곳에 존재하고, 널 위해 존재한다. 구름이 하늘을 메우는 날에 별이 보이지 않아도, 달이 보이지 않아도 나는 항상 곁에 있다. 너 자신을 죄인이라고 말한다면, 그런 널 사랑하는 나 또한 죄인이 되겠다. 그게 함께할 수 있는 유일한 방법이라면 나의 이름을 버리고 곁에 서 있겠다고 약속한다.

命의 소모

제5장

　비가 내리면 기적처럼 당신도 오시겠지요. 아주 먼 길을 돌아 내게로 돌아오는 날을 그리며 창가에 앉아 꾸벅꾸벅 졸고 있어요. 이처럼 비가 내리는 날이면 우산 하나 없이 잘도 돌아다니셨잖아요. 어두워진 밤을 그늘 삼아 가로등 아래 엎어져 엉엉 울고 계셨잖아요. 얇은 옷 하나 걸치고 서글픈 눈물 똑, 또옥 흘리고 있던 그 모습이요. 사실 저 그거 봤어요. 오래된 가로등이었는지 깜박이며 숨을 연명하는 모습에서 당신을 보았어요. 미약하게나마 숨소리가 들리는데 빗줄기는 점점 거세져, 곧 숨이 끊길 것 같더라고요. 그 아래서 그렇게 울고 있으면 당신마저 흐려져, 사라져 버릴까 덜컥 겁이 났어요. 우산은 필요 없었고요. 그냥, 저는 그냥 그런 당신을 안아 주고 싶었어요. 그래서 나 맨몸으로 그 밤을 달려, 힘겹게 눈을 뜬 오늘 아침에 앓고 있나 봐요. 당신이 슬프지 않길 바라지만 이 세상에서 먼지보다 작은 내가 당신께 무엇을 드릴 수 있을까요. 글자 하나, 문장 하나 적어 내는 일이 이토록 버거운 일인 줄 알았다면 애초부터 배우려 들지 않았을 겁니다. 저는 비가 내려도, 비가 내리지 않아도 항상 당신을 위해 어설픈 글을 적고 바다에 띄워요. 그렇게 흘러, 흘러 당신 발끝에라도 닿는다면 나는 참 행복할 것 같아요.

　친애하는 당신이여, 그 비를 맞지 말아요.
　저는 그곳에, 그 빗속에 없습니다.

진실을 외면하는 당신에게 내 존재가 구원이길. 시야를 흐리게 만드는 저 빗방울도 당신의 머리 위에서 흩어져, 사라져 버리길 기도했습니다. 하늘까지 닿지 않은 나의 작은 기도는 어디로 흘러갔나요. 빗물을 타고 흘러, 흘러 땅속에 갇혀 울부짖는 소리가 들리지 않으시나요.

命의 소모

제5장

　세상엔 나쁜 사람도 많지만 좋은 사람도 많다. 단지 그걸 판단하는 능력이 부족할 뿐, 언제나 곁에는 좋은 사람이 존재한다. 무수히 많은 사람이 존재하고 그중에 당신을 진정으로 위하는 사람도 몇 있다. 당신을 아프게 하는 존재를 홀로 애써서 끌고 갈 필요도 없다. 당신은 행복할 권리가 있다. 개인에게 찾아오는 악재는 어쩔 수가 없지만, 인간관계에서의 행복은 본인이 찾는 것이다. 가끔은 강단 있게 의사를 표현할 필요가 있고 관계를 끊어 내는 것도 능력이다. 오늘의 당신이 아프지 않았으면.

조금 느려도 괜찮아요. 힘이 들면 잠깐 앉아서 쉬어 가도 괜찮고요. 다들 그러잖아요. 내가 움직이지 않는다고 세상도 멈춰 있고, 시간도 멈춰 있는 그런 거 아니잖아요. 버거우면 좀 내려놔도 돼요. 그냥 그대로 있어 주기만 하면 돼요. 어쩌면 당신에게도, 저에게도 제일 힘든 일이겠죠. 힘이 든다고 멈춰 있으면 당신이 떠날까 봐 겁이 나서 발 동동 구르며 아픈 다리로 뛰어갈 날 너무도 잘 알아요. 그래도, 그래도요. 당신은 그러지 말았으면 해서요. 불 꺼진 가로등 아래 멈춰 서 있어도 뛰어가겠다고요, 내가.

命의 소모

세상을 담는 창이 있다면 그것은 아마도 검은색일 거야.
너는 고개를 갸웃거리며 내게 반문을 하겠지만,
너는 그걸 알아야 한다.

어둠 그 속에서도 빛나는 무언가는 존재한다.
이를테면 별 혹은 달 같은 것들.

그 누구보다 너의 행복을 비는 것은 네가 그만큼 소중하기 때문이다. 작은 바람에도 흔들리는 너를 아끼는 것은 네가 그럴 만한 사람이기 때문이다. 네가 슬플 때면 뒤에서 조용히 서 있는 것도 그 이유다. 네 감정을 내가 모두 알 수 없기에 기다리는 것이다. 그러니 이제 행복해지자.

난 네가 행복할 그 순간을 기다렸어.

命의 소모

제5장

내가 없어도 비가 내리는 날이면 날 떠올리는 네가 있다. 가만히 앉아 있다가 내 생각이 났다면 참 다행이다. 너는 내가 없어도 외롭지 않을 수 있기 때문이다. 보이지 않아도 함께한다는 느낌을 너는 받고 있을까. 그럼 참 다행일 것 같고 그러네.

있잖아. 밤하늘에 별이 보이지 않아서, 달이 고운 얼굴을 보여 주지 않는다고 해서 외롭다고 생각하지 않아. 아이야, 네가 꽃잎처럼 팔랑팔랑 날아와 사랑을 속삭이고, 내게 행복을 안겨 주기에 내 방은 찬란하게 빛나고 있어. 네가 내게 읊는 말이 별이고 달이야. 그래서 행복해, 나. 내 곁에 네가 있기 때문이야. 굳이 곱게 포장된 언어로 말하지 않아도 존재 하나로 세상의 전부가 되는 것도 있는 거야.

命의 소모

제5장

그거 알아? 별이 지상을 동경하여 지난밤에 나풀나풀 내려와 지상을 물들였다고 해. 푸른 내음 가득 풍기는 그 새벽에도 내겐 네가 있어서 쉬이 잠들 수 없었어. 나 그래서 그거 봤다? 커다란 별이 내 앞으로 다가와 아른거릴 때 말이야. 나는 거기서 널 봤어. 반딧불이 되어 내 방 창가에 자리한 화분에 앉은 별이 참 예뻐서 아침이 되도록 마냥 바라만 보고 있었어. 아침이면 네가 내게 손을 팔랑팔랑 흔들기에, 오후가 되면 그 하얀 손으로 바람을 만들고 날 바라보며 웃기에. 저녁 그리고 새벽이 와도 네가 없는 곳은 없어서 무거운 눈꺼풀을 들어 올리고 하늘만 바라봐. 조금만, 조금만 더 시간이 흐르면 별처럼 내게 와 줄 너에게 어떠한 말을 해야 할까. 사실 이런 미사여구 없이 내가 아주 오랜 시간 너의 존재를 갈망하였다고 고백하면 될 터였다. 하늘이 예뻐서, 그곳에 네가 있어서. 그래서 기다렸다고 할 뿐, 입술을 굳게 다물었다. 네가 이곳에 있기에 나 또한 이곳에 있으며, 나는 이 공간을 천국이라 부른다고 말하지 못하는 날들이 이어져 허공을 맴돌았다.

넌 나의 별, 넌 나의 여름, 너는 나의 청춘.

이 밤이 아름다운 이유를 하늘에서 찾지 말아. 하늘에 수많은 별이 반짝이고 있어서가 아니야. 하얗게 빛나는 달이 널 보며 웃었기 때문도 아니야. 단지 내가 네 곁에 있고, 네가 내 곁에 있음으로 인하여 아름답다고 해 줘. 나는 오늘을 기다렸고 아주 오랜 시간을 기도했어. 보이지 않는 곳에서 무릎을 꿇고 눈물로 기도했어. 네 행복을 빌었어. 조금만 욕심을 부린다면, 너의 행복이 나였으면 좋겠어. 내가 네 곁에 있어서 행복했으면 좋겠어. 내 글엔 언제나 네가 있음을 잊지 말아. 너를 노래할게, 나. 꿈에서마저 부르는 네 이름을, 그 이름을 사랑해.

命의 소모

제 6 장

몽상

제6장

　세계가 뒤집혀 물이 범람하고, 하늘 그 위로 존재하던 호수가 쏟아져 내리는 날을 맞이했다. 나의 머리 위로는 작은 우산 하나가, 한 손에는 아이의 손을 쥐고 있었다. 딛고 있는 땅이 바다가 되고, 건물이 섬이 되어 버리는 폭우였다. 물살에 아이의 손을 놓친 건 신의 뜻이었는지. 그것도 아니라면 아이의 뜻이었는지 모르겠다. 아이에게 손을 뻗었지만, 아이는 끝내 내 손을 잡지 않았다. 영영 닿을 수 없을까, 겁이 났다. 빗물이 눈가에 고여 흐르는 순간 아이가 말했다. 단 한순간도 널 사랑한 적 없었어. 그러니까, 이제 그만 죽어.

　순간 세계가 무너졌다.

몽상

네가 부디 좋은 꿈을 그리길 빌어. 늘 네가 꾸는 검은 숲속을 홀로 달리다 지쳐 차가운 땅에 엎드려 우는 꿈을 더는 만나지 않길 신께 간곡히 기도드려. 꿈에서 널 만나고 이리도 행복한데 넌 그러지 못하는 것 같아 매일 아침 꿈을 토해 내, 나는. 꿈에서마저 나만 행복한 것 같아서. 아이야, 이제는 네가 꾸고 싶은 꿈을 만나길 기도해. 그 어떤 것이라도 괜찮아. 노을을 닮아 주황빛으로 물든 해바라기를 바라보며 눈물지어도 다 괜찮아. 은빛으로 빛나는 바닷가에 앉아 네가 좋아하는 구절을 읊어도 좋아. 네가 어떤 꿈을 꾸더라도 귀 기울여 들어 줄게. 연필로 적어 낸 글자를 지우개로 지워 내는 것처럼 쉬운 일은 아니겠지만, 아픈 일이 네 머리 혹은 가슴 깊이 파고드는 일은 없었으면 좋겠어. 네가 아프지 않을 수만 있다면 내게 주어진 시간을 모두 쓰더라도 수백 번 기도드릴게.

命의 소모

하루를 겨우 사는 제게 주어진 시간이 그리 많지 않아서 고백해요. 나 당신이 가진 새벽이란 시간에도 함께하고 싶어요. 신께서 기회를 주신다면 나 평생 그렇게 하고 싶어요. 당신의 아침, 점심, 저녁 그리고 새벽. 그 시간 속에 나도 함께하는 그런 상상을 했어요. 이런 날 내쳐도 괜찮아요. 나 머지않아 죽을 거예요. 사실은 딱 한 번만 안아 달라고 하고 싶었는데 그럼 죽기 싫을까 봐요. 당신에겐 아무 의미 없는 하루였겠지만, 당신에게 주어진 수많은 시간 중 아주 작은 시간이었겠지만요. 그 하루는 제 일생이었어요. 저는 그 일생을 당신을 사랑하는 데 썼고요. 이런 날 잊지 말아요.

몽상

꽤 먼 길이었다. 차로 들어갈 수 없는 구불구불한 흙길이 있는 숲을 걸었다. 우거진 수풀 사이에 있는 건 집이었다. 그 언젠가 네가 내게 함께 살고 싶은 집이라며 조잘조잘 이야기했던, 그 집이다. 너는 네게 그곳에서 평생을 함께하고 싶다고 했었다. 밤이면 별이 쏟아질 테니 별이 다치지 않게 꽃밭을 만들어 가꾸고 싶다고. 잠이 오지 않는 새벽, 함께 손을 잡고 숲속을 거닐고 싶다던 네가. 그런 네가 나를 떠난 일이 내게는 그 어떤 것보다 무겁고 고통스러운지 알고 있을까. 먼지가 잔뜩 쌓인 집 안에는 그 무엇도 존재하지 않았다. 발걸음을 옮길 때마다 하얗게 올라오는 먼지가 바지 위로 앉았다. 후에 생각하기를 내가 그곳에 다녀오고 묻혀 온 것은 먼지가 아니라 그리움이라고.

命의 소모

네가 있는 그곳도 하늘이 얼굴을 잔뜩 찌푸리고 있는 것은 아닌지 걱정이 된다. 비가 내리면 내 생각도 같이 오기에 좋아졌다고 하는 네가 걱정된다. 그래도, 그래도 네가 있는 그곳은 비가 내리지 않았으면. 예쁜 해가 둥둥 떠 있고 눈이 부신 해의 파편이 네 손바닥 위에서 반짝거렸으면 좋겠다. 오늘 아침에는 보슬비를 맞으며 네 생각을 했어. 비처럼 너도 올 수 있다면 얼마나 좋을까. 그런 기적이 일어날 확률은 희박하지만, 끝을 놓지 못하고 오늘도 헤맨다. 그 언젠가 네가 내 품에 종일 안겨 있을 그날이 오면 아주 많은 시간을 바라고 기도했노라 고백해야겠다.

몽상

나 자신보다 더 사랑한다고 하면 그 아이는 웃으며 말했다. 자신도 사랑해 주라고. 그럴 자신이 없다고 했더니 그 아이는 매일 사랑 고백을 했다. 사랑해요, 사랑해. 보고 싶어요. 웃는 내 모습이 보고 싶어서, 행복해하는 얼굴이 그리워서. 아이는 꿈에서조차 나에게 고백하는 법을 공부하고 있었을까. 그런 네가 싫지 않아서 어두운 골목에 숨어 낡은 담장에 달을 그리고 별을 그리는 날이 많아졌다. 볼품없는 나의 우주에 함께해 줄 네가 참 고마워서 웃으면서도 눈물이 났다.

命의 소모

제6장

　차가운 공기만 맴도는 공간에 울리는 오르골 소리에 시야가 흐려졌다. 맑은 소리구나, 하며 넘길 수 있는 것을 말이다. 그것을 나는 그리움이 내는 울음이라고 부르기에, 그렇게 칭하기에. 차마 목 놓아 부를 수 없었던 이름을 겨울이라 불렀다. 좀처럼 익숙해지지 않는 너의 계절.

☾ 몽상

죽은 자들을 달래 주는 시인이 있다면 묻고 싶었다.
심장이 뛸 때마다 죽고 싶어지는 이 감정을 이겨 내는 방법이 존재하냐고 말이다.

온몸에 퍼지는 아픔을 어찌 견딜 수 있냐고.

命의 소모

하루가 파란빛으로 물들어 가는 시간에 눈을 비비곤 합니다. 조금은 하얀 세상을 안고 싶었어요. 바라는 것은 그것 하나뿐이었다고 말하고 싶었어요. 조용한 거릴 걷고요. 또 당신 생각도 조금 더 해 보고요. 그 더함이 곱셈이 되어 가끔 곤란하긴 하더라고요. 너무 보고 싶으면 어떡해요.

몽상

날카로운 바람이 부는 하루에도 의미를 담아 보곤 했다. 차마 나무에서 떨어지지 못해 매달려 있는 낙엽이 꽃잎으로 보이는 이유를 굳이 머릴 굴려 생각하지 않아도, 그런가 싶은 날이 있다. 그게 딱 오늘 같았다. 같은 시간이지만 느리게 흘러가는 이곳에서 부르고, 부르고, 네 이름을 부르고.

命의 소모

날 사랑하지 않아도 괜찮아. 내가 네 몫까지 사랑할게. 그러니까 가라고 말하지 마. 나 울잖아. 네 앞에서 주저앉아 우는 내가 가엾다며. 그게 네 진심이라면 그냥 사랑하게 해 줘. 바라만 볼게. 손잡아 달란 말 안 할 테니까 내치지만 말아, 제발.

비가 내리는 날.
비가 오는 날.
비가 쏟아지는 날.
비가 몰아치는 날.

땅으로 떨어지는 것이 비인지,
나인지 모르겠는데 너는 무엇이 그리 좋은지 웃고만 있다.

몽상

그 누구보다 네가 잘 알고 있다. 네가 없으면 고장 난 물건처럼 되어 버릴 나를, 방향을 잃어 어두운 골목에서 서성일 나를, 떨어지지도 않을 별에 맞아 죽을까 두려움에 잠식될 나를. 너는 너무도 잘 알고 있다. 감정 소모에 지쳐 가는 나를 품어 줄, 나를 안아 줄 존재가 너라는 것도 이미 알고 있다. 그런 너를 기다리며 언제나 이곳에서 기다리고 있는 나를, 어두운 길목에서 널 위해 불을 밝히고 기다릴 나를, 비가 내리면 네게 씌워 줄 우산을 들고 젖은 채 들어갈 나를 안아 달라고. 네가 잃을 것은 없으니 한 번만이라도 날 봐 달라는 얘기야.

命의 소모

제6장

겨울이 오면 날 그리워한다며. 눈이 내리면 머지않아 비가 내릴 것을 열망하여 두 눈을 가리고, 손가락 그 사이로 눈물을 머금고 얼어 버릴 땅에 연민을 느꼈다며. 너 그거 알고 있니? 네가 물안개처럼 사라져 버린 오후에 나는 죽었어. 네가 내게서 멀어지던 그날, 네게 고백을 하려고 했어. 엉켜 버린 시간선, 그 위로 아슬하게 매달려 있던 내게 너는 구원이었음을 이제야 고백해. 내가 모든 걸 잃어버린 저 마른 나뭇가지 같아서, 종종 나무 근처에 앉아 책을 읽어 주었다며. 사실 흐린 배경 그 뒤편에서 그걸 지켜보고 있었어. 세계의 시간은 뒤틀려 본연의 모습을 찾을 수가 없으니, 무거운 걸음을 애써 옮긴다고 할지라도 네게 닿을 리 만무하니까. 어쩌면 세계가 무너지길 원하고 있었을지도 몰라. 꿈에서마저 널 찾거든. 지난밤, 보랏빛 언덕 그 위로 높게 떠 있던 별 하나가 부서져 눈이 내렸다는 소식을 들었어. 그거 사실 내가 그런 거야. 이유는 별거 없었어. 그걸 목격한 네가 해가 둥둥 뜬 아침에 내 집 문을 두드리고 찾아와 조잘조잘 이야기하며 웃어 줄 모습이 보고 싶어서 그랬어. 나 그거면 세상이 온전히 내 것이 되는 환상을 보거든. 네가 열에 들뜬 밤이면 하늘에는 오로라가 넘실거렸어. 사실 그 색깔이 오묘했거든. 비유 하나를 하자면 내가 널 보며 웃어 줄 때, 그때의 네 얼굴색과 비슷했어. 너는 사랑을 감출 줄 몰라서 그 하얀 손에 다 보이도록 들고 다녔잖아. 그래서 그 사랑을 잃어버린 거니?

세상의 색은 흐려지기만 해. 겨울이 더 깊어졌음을 이제야 실감해. 잔잔히 불어오는 바람에도 날이 있어서 코끝을 베이고 손끝에서 붉디붉은 피가 흘러. 건조해져 버린 이 땅 위로 뚝뚝 흐르고 흘러 적실 수

몽상

만 있다면 황야에도 꽃은 피어날까. 사실 어제는 그런 상상을 했어. 흩날리던 눈발이 비처럼 보여서 네가 내 이름을 부르고, 나를 찾는 상상 말이야. 너는 이미 여기에 없는데 골목 어귀를 서성이며 울지도 못하는 내가 가여워. 그 언젠가 너를 처음 만났던 날이 선명하진 않지만, 그 향기는 아직도 기억이 나. 온몸이 시리고 차가운 바람을 들이켬에도 옅은 꽃향기가 났다고 하면 넌 믿을 수 있겠니. 겨울이었지만, 겨울이었음에도 너는 언제나 나의 봄이었어.

   잠자리에 누워 곰곰이 생각해 봤는데, 너는 아마 겨울을 싫어했던 것 같아. 자주 손이 시리다고 했었고, 눈이 담장을 만드는 날이면 발을 동동거렸잖아. 그래도 내가 외로울까 걱정하며 서툴게 눈사람을 만들던 네가 생각나. 끝에는 결국 떠나간 걸 보면 넌 겨울이 싫어서, 그걸 닮은 내게서 도망친 거야. 난 언제나 손 안에 봄을 쥐고 있었는데, 너는 그걸 볼 수가 없어서 나를 오해한 거야. 네가 봄을 좋아한다고 해서, 네가 꽃을 좋아한다고 해서. 나는 세계를 뒤집고자 했어. 세계의 계절을 손바닥 뒤집듯 한순간에 바꿔 버릴 순 없지만, 네가 꽃을 좋아한다고 해서 분홍빛 눈이 내리길 기도했어. 네가 봄이 좋다고 해서 빌어먹을 하늘로 찾아가 내 전부를 바치겠다고 약속했어. 너는 그걸 몰라서, 너는 그런 날 몰라서 쉽게도 떠났잖아. 나는 멍청해서 그런 걸 할 줄도 몰라. 날 쉽게 버린 너처럼, 나는 너를 버릴 수가 없어서, 놓을 수가 없어서 오늘도 나 자신을 죽여.

命의 소모

제6장

　나 있잖아. 어제는 네가 앉아 있던 그 나무가 있는 곳에 갔었어. 네가 떠난 후에야 세계엔 봄이 찾아왔어. 태어나 한 번도 본 적이 없던 봄 속을 거닐면서도 겨울 속에 있는 듯한 착각이 들었어. 봄이 왔으니 이제 제발 돌아오길 빌어. 네가 없는 이곳은 내게 겨울 같아서 너무나도 가혹해. 차마 전하지 못한 말을 적어 내리면 볼품없이 낡아 버린 신발 코 주변 어딘가에서 맴돌 것이 뻔해 애꿎은 입술만 깨물었어. 네가 보이지 않은 세계는 온통 흑백뿐이었으니 내가 별다른 무언갈 할 수나 있었겠냐 말이야. 사리 분별조차 되지 않는 이곳에서 나는 울고 있다고. 사랑을 줄 거였음 완전히 주지 그랬어. 끝이 접힌 사랑 조각 하나 들고 연명할 나를 알고나 있었니. 그 작디작은 사랑이 소중해서, 주머니에 넣고 다니다 흘려 잃어버릴까 봐 겁이 나서 손바닥 안에 밀어 넣고, 그리울 때면 손바닥을 폈다가도 닳을까 겁이 나서 울어 버리는 날 알고 있었냐고. 봄을 그린다고 했잖아, 너. 아마 숨이 끊기는 그날까지 봄을 볼 수 없을 것 같아 슬프다고 내게 그렇게 말했잖아. 너 아직 죽지도 않았는데 봄이 왔어. 네가 버릇처럼 말하던 기적이 눈앞에 선명하게 빛나고 있는데 왜 그걸 보지 못하니.

　시간이 흐르면 황야에도 따스한 봄비가 내리고 푸른 새싹이 고개를 들까. 잡초도 생명력을 뽐내며 고개를 드는데, 나는 어째서 고개를 숙이고만 있어. 넌 아직도 모르고 있지. 푸른 들에 비와 햇빛이 필요한 것처럼 나에게도 필요한 것이 있어. 그게 너라는 걸 하늘도 알고 신도 알아. 나는 내가 이대로 축축해진 땅에 고개를 처박고 죽어 버리길 빌어. 죽은 몸뚱이가 또 죽어 무엇하겠냐고 하겠지만 나는 다시 한번 나

몽상

를 죽여서라도 널 만나지 않길 빌어. 사랑이란 이름으로, 사랑이란 핑계로 날 나락으로 떨어뜨리는 네가 미워. 그래도 사랑하는 내가 등신이야. 추억이랄 것도 없어. 손바닥에 하얗게 눈이 쌓이고 마음마저 얼어 버리는 겨울을 함께했을 뿐이야. 다시 찾아오지 않을 겨울을 이제 와 갈구하는 것도 참 웃겨. 계절의 끝을 지나 홀로 서 있는 내가 익숙해지길 바라.

옛날에는 마치 영화 같은 사랑을 하길 원했어. 운명처럼 만나 서로를 사랑하고, 미워하고 또 결국엔 품에 안고 영원을 약속하는 진부한 이야기가 내 이야기이길 빌었어. 해피 엔딩을 원했던 나는 이제야 깨달아. 행복은 끝이 났고 다시 내게 나타나지 않을 거야. 내가 이 이야기의 주인공으로 너를 정했을 때, 세상이 아름다워 보이더라. 하얀 겨울을 걷고 있어도 나는 그 세계에게 감사했어. 눈보라가 치고 하늘이 무너지는 풍경을 보면서도 행복하더라. 눈이 거꾸로 솟구치는 재해를 목격하고도 그걸 기적이라고 칭할 만큼 행복했어. 이유는 네가 제일 잘 알 거야. 아이야, 세상에 존재하는 기적은 그리 크지 않다는 것을 넌 알아야 할 거야. 네가 이곳에 존재했음에 나는 기적을 마주했어. 이제 와 슬픈 건 네 기적이 내가 아니었다는 거야. 그리 어려운 일 아니었잖아. 내가 너를 잊지 못한 이유를 묻는다면 감추지 않고 전부 꺼내야 할까 많이 고민했어. 그 겨울을 살면서 다른 계절을 원한 건 처음이라서 그래. 빨갛게 물들어 버린 손끝을 모아 눈물로 기도한 게 내게는 낯선 일이었으니까. 처음이라는 게 참 웃긴 것 같아. 첫 만남을 잊지 못하고, 첫 이별을 잊지 못해. 처음이라서, 처음이란 이유 하나만으로.

命의 소모

제6장

　네가 떠난 이후로 세계에 변화가 생겼어. 뜨겁게 타오르는 달이 뜨는 밤이 이어졌어. 서늘하게 빛나는 해가 뜨는 낮도 존재했어. 네가 없단 이유 하나만으로 세계는 이렇게 불안정한데 너는 어디로, 어디를 떠돌고 있을까. 이제는 감정조차 느껴지지 않아. 감정이 무뎌지는 게 참 무서운 것 같아. 그토록 사랑했는데 아무것도 아닌 일이 되어 버린 우리를, 그때의 기억이 부식되고 있어. 스치기만 해도 가루가 되어 흔적도 없이 사라져 버리는 기억을, 너를.

　아이야, 닿지도 못할 말을 홀로 지껄인 나를 보며 무슨 생각을 했을까 궁금하다. 언제나 이야기했잖아. 네가 이곳에 존재하기에 나 역시 존재했던 거야. 망가져 버린 기억은 고칠 수가 없어서 나는 이 거리 구석에 방치되어 삐걱거리고만 있어. 사람을, 사랑을 버릴 수만 있다면 나는 몇 번이고 버렸을 거야. 기억이 때론 가시가 되어 심장을 파고들어서, 나는 매일 고통 속에 살았어. 사실 그 아픔이 너무 커서 온전히 기억이 나질 않아. 세계에도 자비란 것이 있다면, 신이 조금 더 따스했다면, 날 버리는 선택을 해선 안 됐어. 처음 이 세계를 구축했을 때, 그 중심엔 내가 있었어. 긴 겨울이 지겨워질 때쯤 널 부른 것도 나야. 네가 날 사랑하게 만든 것도 나였어. 하지만 내게서 떠나라고 한 건 내가 아니야. 그건 온전히 너의 의지였을 뿐. 억지로 끼워 맞췄던 퍼즐이 제자리를 찾고자 떠난 것뿐인데 나는 많이 힘들더라.

몽상

너라는 이유로 세계에 종말을.
너로 인하여 내게 죽음을.

　다시 맞은 두 번째 죽음에게 달리 할 말은 없으니 안녕, 이라고 말하면 그걸로 끝이겠지. 그렇게 거창한 세계도 아니었고, 동화같이 아름다운 이야기도 아닌 내 이야기에게. 까맣게 타 버려 백색왜성이 되어 버릴 나에게.

命의 소모

제6장

참 안타까운 일이 따로 없다, 얘. 고 눈이라도 똑바로 뜨고 있지 그랬어. 걔는 작은 풀꽃 하나 손에 쥐고 저기, 저 골목에서 널 기다리고 있던데. 어두운 구름 어깨에 잔뜩 얹고 고개를 추욱 떨구기에 무엇 하나 봤더니 너한테 연서 쓰고 있더라. 으응, 걔 죽었대. 열병 걸렸다고 하더라.

몽상

처음을 기억하고자 했다. 나를 스쳐 갔던 짧은 첫 만남은 무향이었다. 돌이켜 생각해 보면 우리의 만남이 그리 아름답지도 않았고 또 그렇다고 서글프지도 않았다. 비교랄 것도 없지만 과거와 현재를 동일한 선에 두고 본다면, 우리의 지금은 영 꿉꿉했다. 습기를 가득 머금은 벽지처럼 얼룩지는 사랑을 처음으로 되돌릴 수 없음을 알고 있었다. 어두운 밤이 찾아오면 가로등 하나 없는 거리를 헤맸다. 사랑을 끝내지 말아야 할 이유를 엄한 곳에서 찾고 있었다. 그렇게라도 하지 않으면, 그렇게라도 핑계를 대지 않으면 네가 나를 떠날 것이 분명했음에 미친 사람처럼 길을 잃고 웃어 재끼는 날이 늘어만 갔다.

순리였다. 시간이 앞으로 흐르는 것은 어쩔 수 없는 것이었다. 사랑이 흐려지고 향기마저 잃는 날 또한 오기 마련이었다. 사랑이 넘쳤던 적은 없었지만 이별의 직감은 왜 이리 차오르는지 모를 일이었다. 내 마음의 그릇은 너무도 작아서, 금이 가 버린 그릇이라서 찬란하게 빛이 나는 널 담기에는 무리였음에도 욕심을 부렸다. 별이 뜨지 않은 밤이 오면 우울감이 문을 두드리고 찾아와 적셨고, 마음에 차올라 눈을 감아야만 했다. 별이 존재하는 이유를, 내가 네 곁에 존재하는 이유를 찾을 수가 없어서 눈물이 뚝뚝 흘렀다. 사실은 애초부터 알고 있었다. 끝이 보이는 사랑을 택했던 이유는 너였기 때문이었다. 너라서, 내가 사랑하는 너라서.

命의 소모

제6장

비가 내렸다. 예상치 못했기에 비를 맞으며 묵묵히 걸었다. 비에 흠뻑 젖어 집에 돌아왔을 때, 나의 방 안에는 검은 비가 넘실거렸다. 이유를, 핑계를 찾았으나 이별은 소리도 없이 범람했다. 어떤 이유를 대서라도 널 잡았어야 했다. 하지만 나를 바라보는 그 눈빛에서 나는 바다를 봤다. 해일이 일고 우리를 덮쳤다. 이별, 이별이었다.

몽상

어느 날 네가 내게 얼마나 사랑하느냐고 물었다. 마주 앉아 눈을 맞추고 이야기했다. 널 보면 별이 뜨지, 라고 대답했더니 바보처럼 고개를 갸웃거리고 있다. 널 마주하면 마음에 별이 뜨고 그게 너무 빛이 나서 하늘에 띄웠더니 은하수를 만들었다고 말했다. 너는 마냥 좋은 듯 웃기만 했다.

命의 소모

제6장

　예고도 없이 비가 퍼붓는 오늘 같은 날이면 끝없는 미래를 꿈꾸며 눈을 감았다고 고백하고 싶었다. 대상이 없어 들숨으로 삼켜 버리는 말은 가슴 한쪽에 응어리가 되어 절벽을 만들고 있었다. 처음부터 대상이 없던 것은 아니었다. 내가 너를 눈에 담았을 때, 천국에 도달한 느낌이었으니 어떤 말로 더 표현할 수 있을까. 그 천국이 삽시간에 지옥으로 변질된 것은 너의 목적이 내가 아니었다는 점에 있었다. 존재의 목적, 그 중심에 내가 서 있었다면 네가 무중력에 휩쓸려 닿을 수도 없는 저 우주로 갈 일도, 내가 우울의 맛에 중독되어 이 방 안에 갇히게 될 일도 없었을 것이다.

　너를 처음 만났던 그 계절이 돌아오면 짙어지는 검은 향기를 지울 수가 없어 자주 두 눈을 가리곤 했다. 손을 마구 휘저어도 내 발목을 휘감는 감정은 헤어 나올 수 없을 만큼 가득했다. 아득해지는 정신의 끝을 붙잡고자 몇 번이고 고개를 저었다. 눈을 떴을 땐 차가운 바닥에 나뒹굴고 있는 내가 보였다. 그래, 울지도 못하는 그 모습이 처연했다. 목까지 차오르는 고백은 눈물이 되지 못하고 몽우리가 졌다. 비가 내려야 그 꽃도 피어날 텐데. 언젠가 꽃이 되어 버린 말이 만개하여 꽃잎을 토해 낼 수 있는 날이 오겠지.
　아니, 그래야만 했다. 다 토해 내면 너도, 너도 나오겠지.
　고통의 시작은 언제나 너였으니.

몽상

이미 멀리 지나가 버린 기억을 찾는다는 것이 얼마나 어려운 일인지 너는 알고 있을까. 병은 말에서 시작되어 마음을 묶고 생각의 회로까지 망가뜨렸다. 바로 어제도 기억하기 힘든 내가 너에 대하여 기억하는 것이 있다면, 사랑했다는 것이었다. 혼자 하는 사랑에 대하여 홀로 그리는 그림이라고 대답했던 이가 있었다. 너를 사랑하고 병을 안아 버린 내가, 그런 내가 외로움에 영혼을 팔았기 때문에 그 대가로 병을 받았다고 했다.

너를 잊기 위하여 나는 병을 받았고 영혼을 잃었다. 좁은 방에 나를 가두고 죽기만을 고대하며 자주 잠을 청하곤 했다. 수면이 죽음을 연습하는 것이라고 했던 말을 믿고 있는 내가 웃기기도 했지만 어쩔 수 없는 일이었다. 나는 죽음으로 이 고통을 씻고자 했다. 짙은 밤이면 찾아오는 너를 이제 그만 놓아주어야 하지 않느냐고 몇 번을 물었다. 별은 대답이 없었고 반짝이기만 했다. 너의 기억이 찾아오는 날의 빈도를 묻는 이에게 말했다. 어쩌면 찾아오는 것이 아니라 항상 곁에 있는 것일 수도 있겠다고 말이다. 내 말을 적어 내리던 이가 펜을 멈추고 나를 바라보았을 때, 나는 그 눈에서 연민을 봤다.

울고 싶은데 눈물이 나지 않아요.
더 흘릴 것도 없어서 메말랐나 봐요.
이쯤 되면 죽을 날이 얼마 남지 않았다는 거겠죠?
그냥 아무도 모르게 죽어 버리고 싶어요.

命의 소모

제6장

　말을 듣던 이는 약 처방을 더 하겠다는 말만 남기고 인사를 건넸다. 다들 쉽게 이야기하고 쉽게 생각한다. 일단 본인의 일이 아니기 때문에 전적으로 공감할 수는 없을 터였다. 덜그럭거리는 약의 소리는 좀처럼 익숙해지지 않았다.

　또다시 혼자다. 햇빛 한 줌 들어오지 않는 방 안 구석에 앉아 있다. 고개를 들면 나를 바라보는 눈빛이 보였다. 귀를 막아도 들리는 너의 목소리는 참 맑기도 했다. 우울함이 만들어 내는 허상은 혀끝이 마비될 만큼 달았다. 달았다. 달았다. 딱 너만큼의 단맛이 맴돌았다.

　내가 살아 있는 날만큼 선을 만들고 있었다. 어떻게, 어떻게 살아 있다는 흔적을 남기고 있었다. 내가 세상에서 사라지면 어차피 함께 존재하지 않을 흔적이었다. 상상 속의 너는 항상 내게 손을 흔들며 반겼고 웃으며 달려가면 멀어지기만 했다. 홀로 남은 사막의 중심에서 빨려 들어가는 것은 몸이 아닌 정신이었음을. 끝이 어딘지 모를 지옥에서 나는 오늘 구원을 찾고자 한다.

몽상

이 계절이 부르는 바람을 타고 떠돌고 있어. 네가 헤아릴 수 없을 만큼의 시간을 널 위해 썼고 비로소 나는 네 앞에 서 있어. 네가 그해 봄에 홀로 떠 있던 별이 참 예쁘다고 말했었거든. 자신보다 빛나는 존재가 이 땅 어딘가 있다고 해서 그 말만 믿고 여행을 떠난 나를 믿어 줘.

그래, 너는 참 예쁘더라. 부서지는 파도 속에 네가 있었고 둥글게 몸을 말고 있는 하얀 구름 그 위에도 네가 있더라. 소리도 없이 찾아온 밤의 배경에도 네가 가득해서 한시도 눈을 뗄 수가 없었어. 빛나고 있었단 말보다 네 존재 자체가 빛이라고 하는 게 더 알맞을 것 같지만.

나는 너를 위해 노래를 불렀고 글을 적었어. 찬란한 네게 한없이 부족한 마음이지만 받아 주었으면 해. 내 활자가, 내 노래가, 내 음성이 너의 오늘을 채웠으면 좋겠어. 내가 없이도 완전한 너지만. 네게 내 모든 것을 바치겠다는 마음은 대단한 이유가 있어서 그런 게 아니야.

그냥, 그냥. 네가 예쁘다고 해서. 누가 봐도 아름답다고 해서. 그래, 욕심이야. 아름다운 너에게 작은 배경이라도 되고 싶은 욕심. 예쁜 너는 이걸 욕심이 아니라 사랑이라고 말하겠지만.

命의 소모

제6장

　늦은 시간이 되면 늘 그랬듯 거리에 앉아 멍하니 하늘을 바라보곤 했다. 콧등을 차갑게 스치고 가는 바람이 부는 이 계절이면 까만 하늘을 마냥 올려다보고 내게로 쏟아질 것 같은 수많은 별을 바라보며 네 생각을 했다. 너도, 저처럼, 아름다운데. 말은 짙은 여운을 남기지 못해서 손가락으로 별을 그리고 너를 그리고, 그리고, 그리고 홀로 이름을 되뇌고. 발을 딛고 있는 이 세계에 별 비가 내리는 밤이 계속되는 것은 그 안에 네가 있기 때문이었다. 그 안에 사랑하는 네가 있었기에 별이 없는 밤을 선택했다. 손끝마저 얼릴 것 같은 추위를, 지겹도록 이어지는 밤을, 반짝이는 눈물을 흘리는 너를 선택한 것은 나였고 그 모든 이유는 사랑에 있었다. 내가 너를 사랑하고 너를 존재하게 하는 모든 것들을 사랑하기 때문이다. 사랑은 또 다른 나를 만들고 또 오늘을 만들었다.

몽상

제가 저를 못 믿는데, 신을 믿을 리가 없잖아요. 있잖아요. 당신만 마주하면 이게 꿈을 꾸는 건지 환상을 보는 건지 판단이 어렵다고요. 당신은 의미 없이 웃었겠지만, 저는 그 미소 하나에 추운 겨울이, 봄이 되는 걸 봤다고요. 제가 잘 모르는 게 많은데요. 이런 걸 사랑이라고 부른다는 거 하나는 알아요.

命의 소모

제6장

　세계가 무너지던 날에 눈이 내렸다. 하얗게 내리던 눈이 너를 닮아서 참 서글프기도 했다. 사랑, 사랑이 부서지던 날에 울음을 삼켰다. 사랑이 죽는 병에는 약도 없어서 한숨만 내쉬며 등을 돌려야 했던 나도 그날 숨을 다했다고. 끊긴 명을 붙잡고, 사랑한다고 말도 못 하고.

몽상

잠들기 전, 귓가엔 별들의 노래가. 숨이 잦아들 때면 죽음인지, 꿈으로 빨려 들어가는 것인지 모호했다. 지워지지 않는 노래는 날 부르는 소리인 건가, 참으로 궁금했었다. 코끝을 물들이는 밤의 향기를 피해 향초에 불을 붙이고 눈을 감았다. 별의 노래, 밤의 향기, 모두 너를 닮은 것들만.

제6장

　당신이 진정으로 날 사랑했다면 그날 비가 내렸을 것이다. 그리고 지금 앞에 서 있는 당신이 날 사랑한다면 오늘 밤 꿈에는 비가 내릴 거라고. 비가 내리지 않을 것 같아서 불안감이 윙윙 소릴 내며 어지럽게 돌아다녀.

　고개를 저어도 사라지지 않는 소리는 사랑의 유기 불안.

몽상

다정이 널 향해 겨눈 칼날이었다면, 나는 그 다정을 버리고 그 자리에서 죽어 버리겠다고. 널 위한 내 시선이 목을 졸라매는 것 같은 느낌이었다고 한다면, 나는 내 눈을 가리고 영원을 꿈꾸며 잠들고 싶다고. 내 욕심이 널 죽음으로 등 떠민다면, 나를 버리겠다고. 그렇게 맹세를 했었다.

사랑을 맹신하였고 나날이 그에 죽어만 갔다.

命의 소모

그게 좋더라. 이어지는 침묵에 묻어 있는 약간의 단내 같은 거. 내가 구정물 속에 살아도, 무슨 수를 써서라도 너 하나만은 지키고 싶은 거. 정신없는 하루에도, 화가 쌓여 울분이 터져 나오다가도 네 생각 하나만으로도 모든 것이 녹아내리는 그런 거 말이야. 그걸 난 일상이라 부르고 싶어졌어.

다시 돌아온 이에게 어떤 말을 담아 주어야 좋을까요. 나는 평범한 일상을 걸으면서도 그 속에 당신이 있어서 가끔 멍해지곤 했었는데 그걸 사실대로 이야기하면 조금 부담스러울까요. 내가 그리 대단한 사람도 아니고 나보다 다정한 사람은 널렸는데 말이에요. 기억 속 한 부분을 장식한 사람이었다면 참 다행이고요. 당신이 떠나고 난 뒤, 안 보이던 달이 잘 보이더라고요. 그래서 가끔 밤하늘을 올려다보며 아, 거기 잘 있구나, 싶었다고요. 이런 내가 고맙다면 이젠 행복할 준비를 해요. 당신, 그래도 되는 사람이잖아.

命의 소모

제6장

　나에게 영원을 약속하는 사람아. 너의 영원이, 나의 영원이 어디까지 주어졌기에 그런 약속을 하는 거니. 그러다 내가 죽어 버려도 너는 네게 주어진 시간 동안 나만 사랑할 수 있을까. 어느 날 갑자기 내가 죽으려 들까 두렵다던 사람아. 살아서도 네 옆인데 죽어서도 네 옆에 있지 않겠니.

몽상

마음에 갇힌 사람을 구하고자 해. 시도는 진작 했어. 며칠째 서성이고 있어. 굳게 닫힌 마음에 갇혀 버린 사람아. 그러게 왜 날 사랑해서 그곳으로 들어간 거야. 나는 그리될 것이라고 예전부터 알고 있었어. 사랑한단 말을 뱉지 말았어야지. 보고 싶단 말을 담아 버렸어야지. 이 미련한 사람아, 그곳에서 어떤지 묻고 싶어. 말라 버린 마음에는 안식처도, 마른 목을 축일 애정도 없는데 어찌 사는 것이냐고 울음으로 묻고 싶어. 대답 없는 사람아, 그곳은 뜨겁지 않니. 내가 꽁꽁 감춰 두었던 속내를 두 눈으로 보게 되니 어떠니. 지난날, 내 앞에서 고운 입술을 깨물고 사랑이 담긴 편지를 전해 주던 그 모습에 나도 사랑한다고 덜컥 고백할 뻔했었어. 조금 더 오래 함께하고 싶어서 떨어지는 해의 끝을 붙잡고 애를 썼었어. 주황빛 하늘이 검게 물들어 갈 때, 아쉬움에 몸을 떨었어. 밤이 오면 널 보내야만 했던 내가 너무 싫었어. 나는 그래서 여름이 좋았어. 얄밉게 도망가 버리던 해가 더위에 지쳐 느리게 걸어갔으니까. 그만큼 너와 함께할 수 있는 시간이 늘어서 참 좋았어. 내가 너처럼 사랑을 고백했다면 아마도, 너는.

너무도 뜨거워 메말랐겠지. 함께하는 사랑도 좋지만, 그로 인해 네가 아프지 않길 빌었어. 못된 말로 널 밀어내던 나를 왜 버리지 못하고 닫아 버린 문을 두드린 거야. 그 문고리를 당겨 들어가 버린 네가 참 밉고 그렇다. 네가 없으니, 웃어 주던 네가 보이지 않으니 이 계절이 죽고 있어. 알고는 있니. 네가 없어서, 내 곁에 네가 없어서. 손을 잡아 주던 네가 없어서 너무도 빨리 겨울이 찾아왔어.

내 사람아, 네가 없으니 여름이 사라졌다.

命의 소모

심장이 머리에서 뛰는 기분이에요. 그래서 어지럽고 혼란스러워요. 변명은 하지 않을게요. 네, 사랑해서 그래요. 햇살을 머금은 그 눈에 내가 담겨서요. 일렁이는 그 마음이 내 눈에도 보여서요.

그래서 그렇다고요.

몽상

저 별은 너야. 어두운 밤하늘, 달도 뜨지 않는 오늘 외롭게 홀로 떠 있는 저 별 말이야. 넓은 하늘을 지키려 제일 밝게 빛을 내는 너는 별, 넌 나의 별. 나는 떠나고 싶지 않아 그 아래에서 서성이고 있어. 이윽고 아침 해가 밝아 오면 눈을 감고 네 이름을 되뇌곤 해.

나의 중심, 나의 숨.

제6장

　시간이 흘러서 또 다른 날이 도래하면 또 거기에 익숙해지더라. 다른 날, 같은 시간. 그 속에서 널 기다리는 건 똑같아. 흘러가는 시간인데 참 이상하다. 이미 내 손을 떠나간 날짜를 세면 왜 그리 눈물이 나는지 모르겠어. 찰나의 시간이 소중해서 네가 없는 지금이 더 아픈가 보다.

몽상